Lieber Thomas,

der Mensch braucht

viele Wurzeln.

Die Darmstädter Wurzel

ist hier ein klein wenig

dargestellt.

Alles Gute!

Peter Schmidt

Darmstadt, im Dezember 2008

Aufgewachsen in DARMSTADT in den 40er und 50er Jahren

IMPRESSUM

Bildnachweis: Stadtarchiv Darmstadt S. 11 oben, 12, 13, 17 unten, 18, 19 oben, 22 unten, 26 oben und unten links, 28 unten, 30 unten, 33, 43 unten, 46 oben, 47 oben und unten rechts, 49, 50, 51 unten, 53, 59; Verlag Heiner Archiv: S. 16 rechts, 24 unten rechts, 48 oben, 60; Bezirksverein Martinsviertel: S. 46 unten; Festschrift Heinrich-Emanuel-Merck-Schule: S. 27 unten rechts; Willi Brunner: S. 41 unten; Erica Dreesen: S. 17 oben; Horst Gräser: S. 44, 45, 57, 61; Gropper-Film: S. 14 unten; Jakob Müller: S. 9 oben, 10, 34 oben, 37; Willi Roth: S. 52 oben; Peter Steinbrecher: S. 40; Walter Schleidt: S. 19 unten; Heinz Wenck: S. 38, 42. Alle übrigen Bilder stammen aus dem Archiv des Autors.

Titel: Mädchenmotiv, Privatarchiv R. Bogena; Jungenmotiv, Presse-Bild-Poss, Dipl.-Ing. Oscar Poss; Stadtmotiv: Stadtarchiv Darmstadt

Quellen: Eckhart Franz u.a., Darmstadts Geschichte, Darmstadt 1984; Historischer Verein für Hessen (Hrsg.), Stadtlexikon Darmstadt, Stuttgart 2006; Klaus Schmidt, Die Brandnacht, Darmstadt 1964; Klaus Honold, Darmstadt im Feuersturm, Die Zerstörung am 11. September 1944, Gudensberg-Gleichen 2004; Klaus-Jörg Ruhl, Die Besatzer und die Deutschen, Amerikanische Zone 1945–1948, Bindlach 1989; Wolfgang Knöß und Heinz Wenck, Die Geschichte des SV Darmstadt 98, Darmstadt 1998

Dank: Allen, die mir mit Erzählungen, Fotos und sonstigem Bildmaterial geholfen haben dieses Buch zu schreiben, danke ich herzlich.

Wir danken allen Lizenzträgern für die freundliche Abdruckgenehmigung. In Fällen, in denen es nicht gelang, Rechtsinhaber an Abbildungen zu ermitteln, bleiben Honoraransprüche gewahrt.

1. Auflage 2008

Layout: Ravenstein und Partner, Verden
Satz: Sislak Design Werbeagentur, Bad Soden-Salmünster
Druck: Bernecker MediaWare AG, Melsungen
Buchbinderische Verarbeitung: Buchbinderei Büge, Celle

34281 Gudensberg-Gleichen · Im Wiesental 1
Telefon: 05603/93050 · www.wartberg-verlag.de

ISBN: 978-3-8313-1919-0

Liebe Leserinnen und Leser,

Peter Schmidt im Alter von zwölf Jahren.

am 1. September 1939 begann der Zweite Weltkrieg. Bereits ab dem 3. September 1939 war die völlige Verdunkelung Darmstadts befohlen worden. Den ersten Fliegeralarm erlebten die Darmstädter am 8. Juni 1940. Bis zum Einmarsch der Amerikaner am 25. März gab es in der Stadt 1567-mal Fliegeralarm, also fast täglich. Von 1940–1945 wurde die Stadt insgesamt 36-mal aus der Luft angegriffen.

Obwohl wir Kinder die gesamte Tragweite des Krieges noch nicht wie Erwachsene erfassen konnten, erlebten wir die Sorgen in der eigenen, wie in den Familien der Verwandten und Nachbarn. Die Mütter versuchten, die Probleme des Krieges von uns Kindern fernzuhalten. Wir sollten möglichst wenig von der ständigen Bedrohung mitbekommen. Aber wir Kinder der 40er-Jahre erlebten die Alarme, das Rennen in die Luftschutzkeller, das Sterben der Väter, der Verwandten und Bekannten. Als dann der Krieg in Darmstadt mit dem Einmarsch der Amerikaner am 25. März 1945 zu Ende war, begann die Zeit des großen Hungerns und der Wohnungsnot. Erst nach der Währungsreform 1948 ging es den Menschen langsam wieder besser. Eine nach der anderen Ruine wurde abgerissen und durch Neubauten ersetzt. Die Amerikaner waren Arbeitgeber und in vielen Familien und Vereinen auch gern gesehene Gäste.

Für uns Kinder begann die Schule wieder am 1. Oktober 1945. Von 28 Schulen in Darmstadt waren 16 zerstört, weshalb der Schulunterricht bis in die 50er-Jahre im Wechsel vor- bzw. nachmittags erteilt wurde. In den 50er-Jahren erlebten auch wir Jugendlichen den langsamen wirtschaftlichen Aufschwung. Wohnungen wurden gebaut und viele Familien konnten endlich ihre eigenen vier Wände beziehen.

Die Straßen gehörten in diesen Jahren uns Kindern. Sie waren zusammen mit den zerstörten Häusern unsere Spielplätze. Wir verlebten Ferien in Zeltlagern verschiedener Jugendorganisationen oder gingen auf eigene Faust auf Fahrt, meist mit dem Fahrrad oder per Anhalter. Zusammen mit den Erwachsenen freuten wir uns über jedes Stück neue Lebensqualität und doch spürten wir, dass wir auf Fragen nach der schlimmen Vergangenheit keine oder kaum Antworten erhielten.

Das Buch ist Ergebnis meiner Erinnerung, der Erzählungen in meiner Familie und in meinem Bekanntenkreis. Im Buch können sich die wiederfinden, die Darmstadt in den 40er- und 50er-Jahren erlebten, und für die anderen kann es Anregung sein, etwas über die Zeit des Kriegs und der Nachkriegszeit in unserer Stadt zu erfahren.

Peter Schmidt

Peter Schmidt

Glückliche Eltern.

Ein Bild der jungen Familie, aus dem Trümmerschutt geborgen.

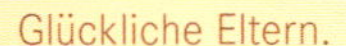

Kindheit in der Nazi- und Kriegszeit

Das Ende der Weimarer Republik und die Nazi-Diktatur, die am 30. Januar 1933 begann, bestimmte das Leben von uns Kindern und Jugendlichen in den 40er- und bis zum Ende der 50er-Jahre. Als Kinder erlitten wir den Krieg mit seinen tagtäglichen Fliegeralarmen, die Luftangriffe und Bombardierungen, die Stunden in den Kellern, die Evakuierungen, den Hunger und die Suche nach Wohnraum. Nach Ende des Kriegs erlebten wir als Jugendliche die Auswirkungen des Krieges bis zu unserer Volljährigkeit Ende der 50er-Jahre.

Die meisten Väter und viele unserer Verwandten und Bekannten waren weit weg in fremden Ländern im Kriegsdienst. Selten, meist nur einmal im Jahr, kam der Vater auf Urlaub nach Hause. Dazwischen kamen Briefe, manchmal Päckchen als Lebenszeichen. Je länger der Krieg andauerte, desto häufiger kamen Todesnachrichten von unseren Vätern, Onkeln, Bekannten und Nachbarn.

Aber es waren nicht allein der Krieg und seine Folgen, die unser Leben bestimmten. Durch die Politik der nationalsozialistischen Machthaber war

schon vor Beginn des Krieges an in viele Familien Zwietracht und teilweise unversöhnlicher Streit getragen worden. Menschen, die sich nicht dem Gedankengut der Nazis unterwerfen wollten, wurden diskriminiert, verfolgt, verloren ihre Anstellungen, ihre Bücher wurden verbrannt, ihre Kunstwerke wurden als entartet bezeichnet und verboten.
Auch die Beziehungen der Menschen untereinander wurden durch die Politik der Nationalsozialisten größten Belastungen unterworfen. Unterschiedliche politische Ansichten führten zu unversöhnlichen Konflikten, die oft in Denunziation, Verhaftung und Tod sogar von eigenen Familienangehörigen endeten. Eine Prüfung auf Leben und Tod war es, wenn Verwandte oder Freunde nicht der arischen Rasse angehörten und diese vor dem Nazi-Zugriff geschützt werden sollten.
Bereits im Jahr der Machtübernahme durch die Nationalsozialisten wurden Kommunisten, Sozialisten, Gewerkschafter, wenig später auch Juden, Sinti, Roma und Homosexuelle verhaftet und in sogenannte Erziehungs- und Besserungsanstalten verschleppt. Die ersten Verhafteten aus Darmstadt kamen ins Lager Osthofen bei Worms. Als zur Schweigsamkeit geprügelte Menschen kamen sie aus dem Lager zurück.

Kinder – gezeugt für ein Leben in Frieden

Kinder sollen ein Leben in Frieden vor sich haben – das würden wohl alle Eltern auf die Frage antworten, wie die Zukunft ihrer Kinder sein sollte. Kindheit in den 40er-Jahren bedeutete aber, dass

Chronik

8. Juni 1940
Erster Fliegeralarm in Darmstadt.

1940-45
In Darmstadt heulen 1567-mal die Sirenen. 36 Luftangriffe fliegen die Alliierten gegen Darmstadt.

10. Februar 1943
Letzter Transport von Juden vom Güterbahnhof Darmstadt in die Konzentrationslager. Nach Berlin wird gemeldet. „Darmstadt ist judenfrei".

20. Juli 1944
Misslungener Attentatsversuch auf Adolf Hitler. Mehrere Darmstädter werden hingerichtet.

11. September 1944
Schwerster Luftangriff auf Darmstadt. Totale Zerstörung der Innenstadt. Mehr als 10 000 Tote.

25. März 1945
Einmarsch der Amerikaner in Darmstadt. Von ehemals 115 000 Einwohnern leben nur noch 55 000 in der Stadt. Am gleichen Tag wird Ludwig Metzger von den Amerikanern zum Bürgermeister ernannt.

1. Oktober 1945
Schulbeginn in den nur halbwegs benutzbaren Schulgebäuden.

15. Dezember 1945
Erste Theateraufführung nach Ende des Kriegs. Karl Heinz Stroux inszenierte Goethes „Iphigenie auf Tauris" in der Orangerie. Das Gebäude im Stadtteil Bessungen diente für die beiden zerstörten Häuser des Hessischen Landestheaters als provisorische Spielstätte bis 1972.

Stolze Mutter mit Sohn und Tochter: Zum Mutterkreuz fehlen noch zwei Kinder.

die Hälfte dieses Jahrzehnts vom Krieg bestimmt war. Vor Beginn des Krieges ahnten wohl schon viele Eltern, dass die Nazi-Diktatur Krieg bedeutete. Dennoch war ihr Wunsch, uns Kinder der 40er-Jahre zu zeugen, stärker als die Angst vor Unglück, Verletzung oder gar Tod ihres Nachwuchses. Viele Eltern wollten auch Kinder, um sie dem Führer und dessen politischen Vorstellungen vom starken Deutschland zu widmen.
Viele Kinder zu haben wurde besonders belohnt. Nach der nationalsozialistischen Ideologie sollten Frauen Mütter sein, möglichst viele Kinder gebären. In der Vorbereitungsphase des Krieges richtete Adolf Hitler 1938 den Mutterkreuz-Orden ein. Voraussetzung für die Verleihung war, dass die Mutter „deutschblütig“ (Ariernachweis), „anständig“ und „sittlich einwandfrei“ war. Der Orden trug die Aufschrift „Der Deutschen Mutter“, sowie anfangs auch „Das Kind adelt die Mutter“. Die Verleihung erfolgte seit 1939 durch den Ortsgruppenleiter der Partei am Muttertag, der lange Zeit in Vergessenheit geraten war und von den Nationalsozialisten wiederbelebt wurde. Die Vorteile des Mutterkreuzes waren eher ideeller Natur: In öffentlichen Verkehrsmitteln musste der Trägerin ein Sitzplatz angeboten werden, die Hitlerjugend hatte auf der Straße zu grüßen, ... Das Mutterkreuz gab es in Bronze für vier und fünf, in Silber für sechs und sieben und in Gold ab acht Kinder.
Mutterschaft war keine Privatangelegenheit, sondern Staatsaufgabe und religiöse Handlung. Frauen sollten vor allem Söhne gebären. So wurde Vätern der Antrag auf Heimaturlaub bei Geburt eines Kindes oft mit dem Hinweis verwehrt, es sei ja nur ein Mädchen auf die Welt gekommen. Der Vater erhielt dann aber doch Urlaub, wenn er darauf hinweisen konnte, dass er schon Söhne hatte.

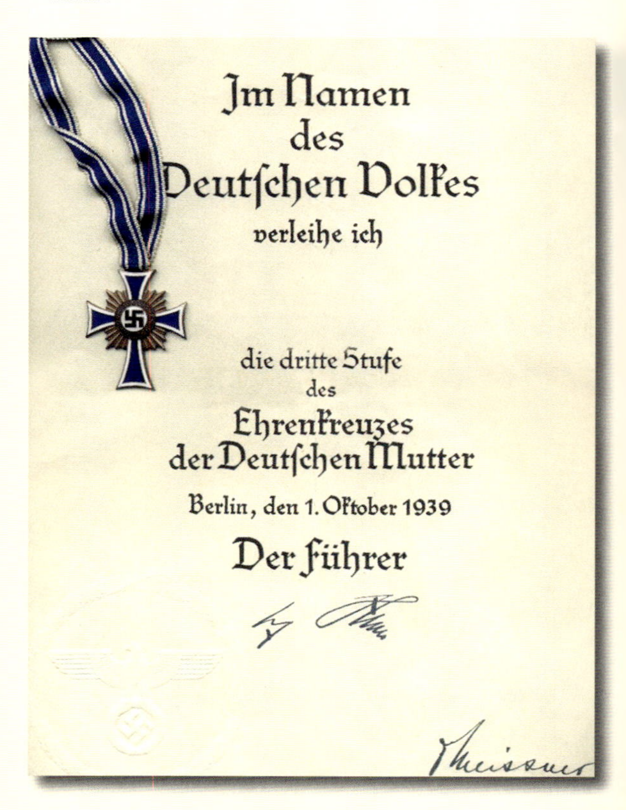

Im Namen
des
Deutschen Volkes
verleihe ich

die dritte Stufe
des
Ehrenkreuzes
der Deutschen Mutter
Berlin, den 1. Oktober 1939
Der Führer

Mutterkreuz-Orden: Ehrungen für arische Mütter ab dem vierten Kind, meist am Muttertag überreicht.

Kinder wachsen ohne Väter auf

In den meisten Familien waren die Väter zum Kriegsdienst eingezogen und an der Front. Nur wer wegen Krankheiten oder Schwerbeschädigungen nicht kriegsdiensttauglich war oder wegen Arbeit in der Landwirtschaft, in Handwerk, Industrie oder anderen Bereichen unabkömmlich wurde, war vom Kriegsdienst befreit. Argwöhnisch wurden allerdings alle Männer betrachtet, die nicht an die Front mussten, während die eigenen Männer im Kriegseinsatz waren.

Kam der Vater auf Urlaub nach Hause, war das für die gesamte Familie und besonders für uns Kinder etwas Besonderes. Der Vater brachte Geschenke mit, es wurde gefeiert. Trotz der kargen Rationen, die aufgrund der Lebensmittelkarten zu kaufen waren, wurden an Vaters Urlaubstagen Köstlichkeiten auf den Tisch gebracht. Ein Stallhase wurde geschlachtet, es gab je nach Jahreszeit Obst und Gemüse frisch aus den eigenen Schrebergärten oder denen der Nachbarn. Alles, was eingekocht worden war, kam auf den Tisch. Für uns Kinder war die Nachspeise die besondere Köstlichkeit. Aber schon bald musste der Vater wieder weg.

Immer häufiger erhielten die Familien die Nachricht vom Tod der Väter, Söhne und Brüder. Sie kamen als Briefe der Divisionspfarrer, oft Monate nach der tödlichen Verwundung. Ein Bild vom Grab, Trauringe und andere persönliche Stücke des Toten wurden in den ersten Kriegsjahren, als noch nicht so viele Tode zu beklagen waren, versendet. In den Zeitungen standen die Todesanzeigen der Gefallenen.

Unerwartet traf uns die schmerzliche Nachricht, daß mein innigstgeliebter Mann, der treusorgende Vater unserer beiden Kinder, unser guter Sohn, Bruder, Schwiegersohn, Schwager, Onkel und Neffe

Fritz Schmidt

Gefr. in einem Inf.-Regt.
Inhaber des EK II

bei den schweren Kämpfen im Osten am 22. Dez. 1941, kurz vor Vollendung seines 32. Lebensjahres, in höchster soldatischer Pflichterfüllung für Führer, Volk und Vaterland sein junges Leben hingab.

In tiefer Trauer: Frau Agnes Schmidt, geb. Reißmann, und Kinder Peter und Ingeborg; Familie Peter Schmidt; Frau Anna Reißmann, Witwe, und alle Angehörigen

Darmstadt, im Januar 1942
Bleichstraße 51

Von Beileidsbesuchen bitten wir absehen zu wollen.

Todesanzeige mit obligatorischem Text: „... in höchster soldatischer Pflichterfüllung für Führer, Volk und Vaterland ...“

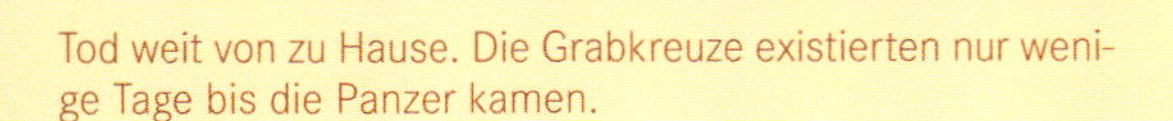
Tod weit von zu Hause. Die Grabkreuze existierten nur wenige Tage bis die Panzer kamen.

Die Zeit vor dem Angriff

Die Welt der Kleinkinder ist die Wohnung, der Hof und die Straße, in der sie leben. Hier spielten wir, immer in Sicht- oder Rufweite der Mutter. Wir wohnten in der Bleichstraße, einer Straße, die nur wenige Meter vom Zentrum der Stadt mit dem „Langen Ludwig" beginnt und bis zum Steubenplatz führt. Das Haus 51, in dem wir wohnten, war das drittletzte vor dem Steubenplatz; die Wohnung befand sich im Hinterhaus in einem Nebengebäude. Im Hof versammelte sich die Kinderschar, wir fuhren Dreirad, spielten Fangen und Verstecken. Im Vorderhaus war das Möbelgeschäft Karn, gegenüber im Hinterhof Lagerhallen voll mit Möbeln aus jüdischen Haushalten. Wir Kinder aus dem Haus spielten dort „Verstecken". Hier konnte uns so gut wie niemand finden. Manchmal wurden wir Kinder auch mitgenommen, wenn die Möbel verteilt wurden. Dann saßen wir in den Holzvergaser-Lastwagen und waren den ganzen Tag unterwegs.

Im Hof

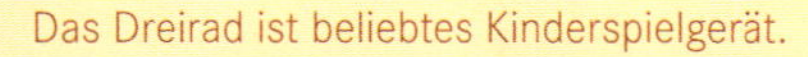

Das Dreirad ist beliebtes Kinderspielgerät.

Unser Alltag in den 40er-Jahren

Wenn Kleinigkeiten aus den Geschäften der näheren Umgebung einzukaufen waren, wurden wir Kinder geschickt. Wir bekamen dann einen Zettel mit den einzukaufenden Waren, Geld im Portemonnaie und die entsprechenden Lebensmittelmarken mit. Beim Anstehen in den Geschäften wurden wir Kleinen zwischen all den Erwachsenen oft übersehen. Metzgereien, Bäckereien und Lebensmittelgeschäfte waren ganz in der Nähe der Wohnungen, Supermärkte gab es noch nicht.

Beliebtes Einkehrziel vor dem Bombenangriff: das Herrngarten-Café.

Sonntags besuchten wir die Großeltern und Tanten. In unserer Familie kamen dann leicht bis zu einem Dutzend Kinder zusammen – Cousinen und Cousins und Kinder aus der Nachbarschaft. Höhepunkte der gemeinsamen Sonntagsspaziergänge waren die Besuche im Herrngarten-Café oder im schönen Biergarten der Rummelbrauerei in der Nähe des Bahnhofs.

Trotz der Bedrohung durch Fliegerangriffe wurden unsere Verwandten, die sich im Kriegseinsatz befanden, besucht, auch wenn sie weit weg von Darmstadt stationiert waren. Meine Mutter, Schwester und ich fuhren zusammen mit zwei Tanten mit der Eisenbahn zum Onkel, der an der Ostsee stationiert war und dort für uns alle ein Urlaubsquartier gemietet hatte.

Garten und Musikpavillon der ehemaligen Brauerei Rummel (heute Darmstädter Privatbrauerei), damals genannt „Allee-Restaurant Darmstadt (Rummelbräu)“, Ecke Rhein- und Göbelstraße.

Erinnerung an das schöne alte Darmstädter Theater.

Kino und Theater

In Darmstadt gab es auch schon vor dem Krieg das Helia-Kino. Wir Kinder durften in Begleitung eines Erwachsenen in Kinderfilme gehen.

Vor dem Hauptfilm wurde auch bei Kindervorstellungen die Wochenschau gezeigt. Die beeindruckte uns besonders. Wir Kinder waren fasziniert von den Bildern, die die Erfolge der deutschen Soldaten an der Front zeigten. Der Führer war in jeder Wochenschau zu sehen. Er besprach meist mit seinen Generälen die Kriegslage. Es wurde von Menschen berichtet, die Großes im Kriegseinsatz oder in der Heimat leisteten. Auch das Attentat von Graf Stauffenberg wurde in der Wochenschau in allen Einzelheiten dargestellt. Dass der Führer den Anschlag überlebt hatte, wurde mit seiner Unverwundbarkeit begründet.

Im schönen alten Darmstädter Theater besuchten wir die Kindervorstellungen. Fast alle Kinder aus Darmstadt sahen das Märchen von Gerdt von Bassewitz „Peterchens Mondfahrt“ und waren begeistert von der Geschichte vom Maikäfer Summemann und der nächtlichen Reise von Peterchen und Anneliese.

Die Menschen strömten zur Ablenkung vom Kriegsalltag in die Kinos, z. B. „Reitet für Deutschland“ mit Willy Birgel.

HESSISCHES LANDESTHEATER DARMSTADT

GENERALINTENDANT: FRANZ EVERTH — **SPIELZEIT 1942/43**

Großes Haus — Nr. 159

Peterchens Mondfahrt

Ein Märchenspiel in 7 Bildern von Gerdt von Bassewitz
Musik von Clemens Schmalstich
Spielleitung: Reinhard Lehmann – Musikalische Leitung: Emil Kaselitz — Bühnenbild und Kostüme: Elli Büttner
Einstudierung der Tänze: Anni Menge

Rolle	Darsteller	Rolle	Darsteller
Die Mutter	Margarethe Prölss	Die Blitzhexe	Käthe Gothe
Peterchen } die Kinder	Josel Müller	Die Wolkenfrau	Margarethe Prölss
Anneliese } die Kinder	Doris Jacobs	Der Regenfritz	Robert Fitz
Minna, das Dienstmädchen	Käthe Gothe	Der Wassermann	Hans Magel
Der Maikäfer	Hans K. Friedrich	Der Eismax	Robert Harprecht
Das Sandmännchen	Karlhainz Gail	Der Milchstraßenmann	Willi Weber
Peterchens Sternchen	Lilo Nickels	Die Sonne	Helga Mietzner
Annelieses Sternchen	Maria Maser	Der Weihnachtsmann	Curt Westermann
Die Nachtfee	Gabriele Hessmann	Das Pfefferkuchenmännchen	Sonja Garden
Der Donnermann	Heinrich Best	Der Mann im Mond	Julius Kandels

Ort: Im Schlafzimmer der Kinder und auf dem Monde
Zeit: In einer Mainacht, wenn die Kinder schlafen
Spielwart: Willi Weber
Die gesamte Ausstattung wurde in den Werkstätten des Hessischen Landestheaters angefertigt
7 Bilder. Pause nach dem 3. Bild
Spieldauer etwa 2½ Stunden

K 0658

Bei Öffentlicher Luftwarnung wird die Vorstellung nicht unterbrochen

Fast jedes Darmstädter Kind war in Peterchens Mondfahrt.

Juden im Stadtteil

In unserer Straße in der westlichen Innenstadt wohnten viele Juden. In der Bleichstraße und in unserer Nachbarschaft in der Friedrichstraße befanden sich die orthodoxe und die liberale Synagoge. Beide Synagogen waren am 9. November 1938 in der Pogromnacht von Nationalsozialisten in Brand gesteckt worden. Doch darüber wurde in den Familien nicht gesprochen. Vor uns Kindern hielten sich die Erwachsenen mit Äußerungen über Juden zurück. Mit dem letzten Transport nach Theresienstadt wurde am 23. März 1943 vom Gauleiter nach Berlin gemeldet: „Darmstadt ist judenfrei."

Als es noch Juden in Darmstadt gab, wurde meine Mutter vorgeladen und befragt, warum ihr Sohn Juden grüßen würde. Sie wurde dann belehrt, dass ein vierjähriger Junge doch wissen müsste, dass ein arisches Kind einem Juden nicht „Guten Tag" zu sagen habe. Im Übrigen hätten Juden auf die andere Straßenseite zu wechseln, wenn sich arische Kinder auf der gleichen Seite der Straße befinden. Meine Mutter musste sich dann rechtfertigen und versprechen, ihren Kindern zu erklären, was der Judenstern bedeutet und dass nicht mehr gegrüßt werden dürfte.

Eine der zwei Synagogen in Darmstadt, zerstört in der Pogrom-Nacht am 9. November 1938.

Die Bleichstraße mit den Häusern 49–53 vor und 53–51 nach dem Angriff.

Bombenalarm, Ausbombung und die Rettung

Mit Fliegeralarmen lebten wir Tag für Tag. Wir gingen dann in den Luftschutzkeller im Vorderhaus und warteten, bis Entwarnung gegeben wurde. Weil fast jede Nacht mit Fliegeralarm zu rechnen war, schliefen wir Kinder oft angezogen in unseren Betten. So war das auch in der Nacht des 11. September 1944. Mutter hatte Äpfel bekommen und kochte noch Apfelgelee, als die Sirenen heulten. Vom Hof wurde gerufen, sich zu beeilen: „Heute ist Darmstadt dran!" Die Erwachsenen hatten das Nötigste zum Anziehen und wichtige Papiere immer griffbereit. Wir Kinder nahmen unsere Lieblingsspielzeuge in die Hand und liefen los.

Es ging über den Hof ins Vorderhaus in den Luftschutzkeller. In einem Tiefkeller in einer ehemaligen Brauerei zwei Häuser von unserem entfernt war ein zentraler Luftschutzraum geschaffen worden. In diesen Keller gelangten wir durch unterirdische Gänge und Schächte. Im Keller waren 400 Menschen versammelt. Mehrere Tonnen mit Wasser waren aufgestellt worden, um Tücher zu befeuchten. Diese sollten vor Mund und Nase gehalten werden, wenn durch die Explosionen der Bomben Staub aufgewirbelt würde.

Schon auf dem Weg in den Keller waren die ersten Einschläge der Sprengbomben zu hören. Wir Kinder drängten uns an unsere Mütter. Später erfuhren wir, dass 300 Flugzeuge über 200 Luftminen, 500 Sprengbomben und 300 000 Brandbomben auf die Innenstadt geworfen hatten. Als Darmstadt zu brennen begann, wurde ein Hitlerjunge gezwungen, hinaus ins Feuer zu gehen, um Hilfe bei der Feuerwehr zu holen. Feuerwehrmänner führten alle 400 Menschen im Gänsemarsch aus dem Keller zum Steubenplatz. Von dort wurden wir aus der brennenden Stadt in Sicherheit gebracht.

Bei diesem Angriff auf Darmstadt wurde die Innenstadt bis auf drei Häuser vollständig zerstört. Über 10 000 Menschen erstickten in den Kellern, verbrannten oder wurden von den einstürzenden Mauern erschlagen. 70 000 Menschen wurden obdachlos.

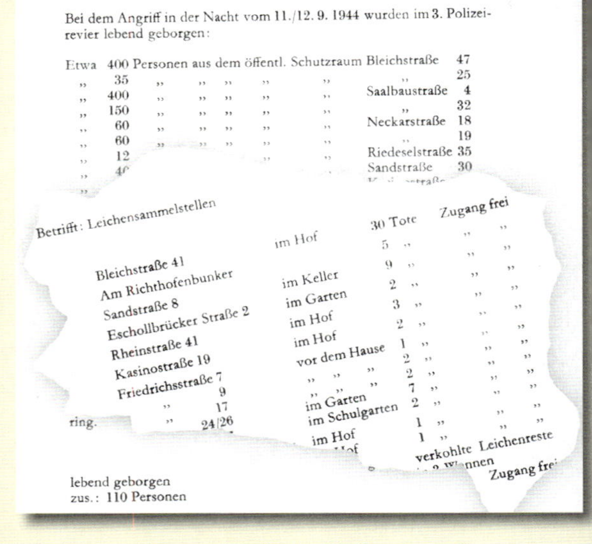

3. Polizeirevier

Darmstadt, den 25. September 1944

— S. Lu. —

Betr.: Lebend geborgene Personen

Bei dem Angriff in der Nacht vom 11./12. 9. 1944 wurden im 3. Polizeirevier lebend geborgen:

Etwa	400	Personen aus dem öffentl. Schutzraum	Bleichstraße 47
„	35	„ „ „ „ „	„ 25
„	400	„ „ „ „ „	Saalbaustraße 4
„	150	„ „ „ „ „	„ 32
„	60	„ „ „ „ „	Neckarstraße 18
„	60	„ „ „ „ „	„ 19
„	12	„ „	Riedeselstraße 35
„	4[illegible]		Sandstraße 30

Betrifft: Leichensammelstellen

	im Hof	30 Tote	Zugang frei
Bleichstraße 41		5 „	„ „
Am Richthofenbunker	im Keller	9 „	„ „
Sandstraße 8	im Garten	2 „	„ „
Eschollbrücker Straße 2	im Hof	3 „	„ „
Rheinstraße 41	im Hof	2 „	„ „
Kasinostraße 19	vor dem Hause	1 „	„ „
Friedrichsstraße 7	„ „ „	2 „	„ „
„ 9	„ „ „	2 „	„ „
„ 17	im Garten	7 „	„ „
ring. „ 24/26	im Schulgarten	2 „	„ „
		1 „	„ „
	im Hof	1 „	
		verkohlte Leichenreste	
		Zugang frei	

lebend geborgen
zus.: 110 Personen

Dokumentation aus dem Buch „Die Brandnacht“

Jahr für Jahr wird in Darmstadt am 11. September an diese schreckliche Bombardierung erinnert. Kurz vor Mitternacht (dem damaligen Beginn des Angriffs) läuten dann die Glocken von allen Darmstädter Kirchen.

Der Luftschutzraum, Bleichstraße 47, für 400 Menschen im Tiefkeller einer ehemaligen Brauerei.

Evakuiert nach Kemtau im Erzgebirge.

Evakuierung und Rückkehr

Nach der Rettung aus der brennenden Stadt wurden meine Mutter, meine Schwester und ich zuerst in einen Fliegerhorst nach Griesheim gebracht und kamen später bei einer Familie in Dieburg unter. Am Tag nach dem Angriff standen wir am Straßenrand in Dieburg, als eine meiner Tanten uns aus einem Bus heraus sah. Sie hatte in der Bleichstraße eine verbrannte Frau mit einem Kind auf dem Arm gesehen und geglaubt, wir seien tot. Der Busfahrer hielt an und wir entschieden, mit der Gruppe von Darmstädtern mitzufahren. Im Bus war auch meine Großmutter. Wir verbrachten die Nacht in einer Baracke in Groß-Umstadt und wurden danach mit der Eisenbahn ins Erzgebirge evakuiert.

Der Gruppe aus Darmstadt war der Vorschlag gemacht worden, entweder nach Wismar an der Ostsee oder nach Chemnitz im Erzgebirge zu fahren. Das Erzgebirge erschien den Darmstädtern sicherer als die Ostsee. Obwohl wir eine große Familie waren, hatten wir keine Verwandten und Bekannten in der näheren Umgebung von Darmstadt. Alle sieben Geschwister meiner Mutter wohnten mit ihren Familien in Darmstadt. Die meisten Darmstädter konnten nicht weit von Darmstadt, vor allem im Odenwald, unterkommen.

In Chemnitz wurden wir als Ausgebombte sehr herzlich begrüßt, in das kleine Dorf Kemtau gebracht und als Untermieter bei verschiedenen Familien einquartiert. Auch hier wurden wir sehr freundlich aufgenommen. Die Frauen, die keine Kinder zu versorgen hatten, bekamen Arbeitsstellen in Textil-Fabriken zugewiesen. Chemnitz war ein Zentrum der Textilindustrie. Die Schulkinder gingen in die Dorfschule, wo vor dem Unterricht auf dem Schulhof die Hakenkreuzfahne gehisst und für Adolf Hitler gebetet wurde:

„Händchen falten, Köpfchen senken,
innig an den Führer denken,
der uns Arbeit gibt und Brot,
und uns hilft aus aller Not.“

Max Uhlmann (links), Paul Bergelt (Mitte) im Gespräch mit dem Fremdenführer am Frohnauer Hammer (Erzgebirge) beim späteren Besuch in der DDR.

Wir fanden unser neues Zuhause bei der Familie von Max Uhlmann, einem kleinen Strumpffabrikanten, und fühlten uns dort sehr wohl. Hier feierten wir das Weihnachtsfest 1944. Es gab einen Christbaum, Geschenke für uns Kinder und reichlich zu essen. Nach Neujahr konnten wir in eine eigene Wohnung in einem Fabrikgebäude einziehen. Doch auch die Fabrik und unsere Wohnung wurden bei einem Angriff getroffen. Ich verlor dabei meine Puppe und spielte danach nie wieder mit Puppen.

Die Nachrichten von der näher rückenden Front im Osten, die Bomben auf unser kleines Erzgebirgsdorf und auch Aberglaube waren Gründe dafür, dass wir Darmstädter am 5. März 1945 beschlossen, Kemtau zu verlassen und nach Darmstadt zurückzukehren. Als unser Zug Chemnitz verlassen hatte, wurde er etwa zehn Kilometer hinter Chemnitz wegen Fliegeralarms angehalten. Vom Zug aus sahen wir den Angriff auf Chemnitz, der diese schöne Stadt genauso wie unser Darmstadt völlig zerstörte.

Die Amerikaner kommen nach Darmstadt

Nur drei Wochen nach unserer Rückkehr aus dem Erzgebirge, wir hatten Unterschlupf in einer Baracke gefunden, marschierten die Amerikaner in Darmstadt ein. Es war der 25. März 1945, Palmsonntag. Schnell hatte sich herumgesprochen, dass sich Darmstadt kampflos den Amerikanern ergeben hatte.

Schon bald kamen bewaffnete Soldaten zu uns in die Baracke. Sie schauten unter die Strohsäcke auf unseren Betten und rückten schnell wieder ab, nachdem sie nur Frauen und Kinder vorgefunden hatten.

Darmstädter „Nazi-Größen“ hatten sich entweder abgesetzt, Selbstmord begangen oder waren gefangen genommen worden.

Hinweisschilder, die für sich sprechen.

Unsere Wohnung von 1945–47: Die Baracke beim Tennis- und Eisclub. Im Vordergrund der bekannte Darmstädter Tennisspieler Hermann Schüler mit einer Trainingspartnerin.

Lange hörten wir von den Amerikanern nichts. Dann war zu sehen, dass sie in beschlagnahmte Häuser einzogen. Obwohl oft vier bis fünf Familien in einer Wohnung unterkommen mussten, beanspruchten die Amerikaner Wohnräume für Soldaten außerhalb der Kaserne. Gut erhaltene Häuser wurden beschlagnahmt. Die Wohnungseigentümer konnten froh sein, wenn die Amerikaner damit einverstanden waren, dass sie in die Keller- oder Speicherräume umziehen konnten. Die Soldaten wurden in den noch erhaltenen Kasernen untergebracht.

Westlich der Bahnlinie in der Nähe des Bahnhofs wurde auf dem Gelände der ehemaligen Kavalleriekaserne ein großes Internierungslager errichtet, in das Angehörige der Waffen- und allgemeinen SS, politische Leiter, führende Leute der Staatssicherheit (SD), Geheimen Staatspolizei (Gestapo) und Sturmabteilung (SA), höhere Beamten und andere gebracht wurden. Es wurde das größte Internierungslager in Deutschland mit bis zu 25 000 inhaftieren Nationalsozialisten. Hier

Der Eingang zum Internierungslager in der Rheinstraße. Angehörige warten auf Einlass zum Besuch.

Zwei amerikanische Offiziere inspizieren das zerstörte Darmstadt. Foto aus der Ludwigstraße.

Das erste Kriegsverbrecher-Tribunal fand bereits im Juni 1945 im Darmstädter Amtsgericht statt. Am 1. November 1946 wurden die Verfahren von der deutschen Verwaltung übernommen.
Bald wurde gesungen:

Mein Vater war in der Partei,
meine Mutter war in der Partei,
mein Bruder war in der Partei,
meine Schwester war in der Partei,
... jetzt sind sie alle entnazifiziert
mein Vater ist entnazifiziert, meine Mutter ...
(Verkürzter Text).

warteten die Gefangenen auf ihre Entnazifizierung oder den Strafprozess. Ein öffentlicher Ankläger entschied in fünf Sühnegruppen: Hauptschuldiger, Belastete, Minderbelastete mit Bewährung, Mitläufer, Entlastete. Verärgert war die Darmstädter Bevölkerung als bekannt wurde, dass die Internierten mit 1700 Kalorien täglicher Essensration viel besser gestellt waren als sie selbst mit ca. 1100 Kalorien.

Das riesige Internierungslager in der Rheinstraße im Winter.

Die Angst vor den entlassenen Zwangsarbeitern

Nachts, wenn wir in unserer Baracke schliefen, tauchten oft Schatten vor unseren Barackenfenstern auf. Wir zitterten vor Angst. Wir wussten, dass das herumziehende Polen und Russen waren, die bis zum Einmarsch der Amerikaner Zwangsarbeiter waren und nun frei waren. In unsere Baracke ist nie jemand eingedrungen, obwohl uns klar war, dass ein leichter Tritt genügt hätte, die Tür aufzustoßen.

Für uns Darmstädter war der Krieg zu Ende und wir befanden uns trotz aller lebensbedrohlichen Not in unserer Heimat. Das Leid für die nach Deutschland verschleppten Zwangsarbeiter aber ging weiter. Sie waren frei von der ihnen auferlegten Zwangsarbeit und wurden doch sofort wieder in ein Lager, die Cambrai-Fritsch-Kaserne auf der Ludwigshöhe, gesteckt. Die Betriebe und

Befreite polnische Zwangsarbeiter warten auf Abtransport, erneut in ein Lager.

Haushaltungen, in denen sie arbeiten mussten, sahen keine Veranlassung für diese Menschen zu sorgen. Was wundert es da im Nachhinein, dass sich Banden bildeten und Straftaten nicht ausblieben. Diebstahl, Raub, Gewalttaten und Mord waren die Folge. Alle diese entwurzelten Menschen wurden als Displaced Persons bezeichnet – Menschen am falschen Platz.

Dass es auch anders geht, bewies der Bauer Georg Schleidt im Martinsviertel. Zwangsarbeiterin Ljuba Wesnowa aus der Sowjetunion aß mit am Tisch und spielte mit den Kindern. Für die gute Behandlung revanchierte sie sich und rettete in der Brandnacht ganz allein den gesamten Viehbestand. 1946 kehrte sie nach Weißrussland zurück.

Es geht auch anders. Die Zwangsarbeiterin Ljuba Wesnowa aus der Sowjetunion beim Bauer Georg Schleidt im Martinsviertel zusammen mit Sohn Walter und dem Nachbarkind Friedel Mahr auf dem Pferd Kaspar.

Der Kampf ums Überleben

Mit dem Ende der Nazi-Herrschaft am Palmsonntag 1945 brach alles zusammen, was bis dahin an Ordnung durch die verbliebenen nationalsozialistischen Machthaber aufrechterhalten worden war. Die Amerikaner konnten auf Anhieb die Versorgungsprobleme nicht lösen, weil ihnen zunächst alles fremd war, was sie in dem besiegten Land vorfanden. Bis zur kampflosen Übergabe der Stadt waren die Deutschen die militärischen Gegner und durch die angerichteten Gräuel auch die moralisch zu verurteilenden Menschen. So war die noch in Darmstadt lebende Bevölkerung auf sich selbst gestellt. Essbares musste rangeschafft werden, ganz egal woher.

Die Stadtküche richtet an fünf Stellen Gemeinschaftsküchen für Menschen ein, die sich nicht selbst versorgen können.

Gemeinschaftsverpflegung

Die Stadtküche nimmt die Gemeinschaftsverpflegung mit dem Beginn des neuen Versorgungsabschnittes, **also am 10. Dezember 1945,** auf. Es wird täglich eine warme Mahlzeit zwischen **12** und **13** Uhr verabfolgt. Das Essen muß bei folgenden Ausgabestellen der Küche bestellt und unter Mitbringung ausreichender Gefäße pünktlich abgeholt werden:

1. **Gastwirtschaft Pfaff,** Bessunger Str. 66, Ecke Ludwigshöhstraße,
2. " **Buttler,** Landwehrstr. 62,
3. " **Jean Pfeil,** Gasthaus „Zum Taunuseck", Kranichsteiner Str. 42,
4. " **Petri,** Arheilger Str. 50, Ecke Gardistenstr.,
5. " **Hermann,** Wingertsbergstr. 2, Ecke Erbacher Straße.

In Ausnahmefällen kann das Essen auch an den Ausgabestellen eingenommen werden. Auch in diesem Fall ist das Geschirr zu stellen.

Wer in der jeweils folgenden **Woche zu 7 Tagen** mitessen will, muß seine Bestellung jeweils bis Donnerstag der Vorwoche bei einer der genannten Ausgabestellen aufgegeben haben. Hierbei ist für jeden einzelnen Teilnehmer der Gegenwert von 7×40 Rpf — **RM 2.80** in bar zu entrichten, und die erforderlichen Lebensmittelmarken sind abzuliefern (1750 g Kartoffeln, 500 g Brot, 100 g Fleisch, 15 g Fett). Die Kartoffeln können auch in Natur geliefert werden, wenn Marken nicht verfügbar sind.

Die Teilnehmer in der Woche vom 10. bis einschließlich 16. Dezember müssen also bis spätestens zum **Donnerstag, dem 6. Dezember 1945** bei der erwählten Ausgabestelle angemeldet sein.

Zur Teilnahme an der Gemeinschaftsverpflegung sind berechtigt:

a) **Alle, die nachweisbar keine Kochstelle oder kein Brennmaterial haben,**
b) **alle, die aus sonstigen Gründen (Krankheit, hohes Alter und dergl.) nicht im Stande sind, sich selbst zu versorgen,**
c) **alle, die aus beruflichen Gründen auf fremde Versorgung angewiesen sind, aber nachweisbar einen anderen Tisch nicht finden können.**

Der Einfachheit halber bleibt die Entscheidung über die Zulassung zunächst den Interessenten selber überlassen, in der Erwartung, daß Mißbrauch der Einrichtung vermieden wird. Die Stadtküche behält sich aber Nachprüfung in dieser Hinsicht von Fall zu Fall und nötigenfalls den Ausschluß solcher Teilnehmer ausdrücklich vor, die nach den Richtlinien nicht zugelassen werden können.

Darmstadt, den 26. November 1945.

Der Oberbürgermeister

Wir Kinder hörten von geplünderten Lagerräumen und ausgeraubten Güterzügen. Es kam sogar dazu, dass sich Menschen gegenseitig erschlugen, weil sie um etwas Essbares kämpften.

Für Darmstadt war es ein Glücksfall, dass schon am Abend des 25. März Ludwig Metzger auf Vorschlag des evangelischen Pfarrers Wilhelm Weinberger und des katholischen Priesters Dr. Wilhelm Michel von den Amerikanern als Bürgermeister eingesetzt wurde. Er sollte im Auftrag der Amerikaner in der besetzten Stadt Verantwortung übernehmen. Dies bedeutete vor allem, das Vorhandene vor Plünderungen zu schützen, um es möglichst gerecht zu verteilen.

Dennoch reichte es nicht, alle Menschen der Stadt vor dem Verhungern zu schützen. Eine notdürftig eingerichtete Polizeigruppe, die nur mit einer Armbinde gekennzeichnet war, konnte einige Straftaten verhindern. Im Juli

Schreckliche „Mode“ für Kinder. Die kratzenden Strümpfe, festgehalten an Leib-und-Seel-Hosen, die beim Toilettengang immer im Weg waren.

1945 erhielt die Polizei die ersten Waffen, aber bis dahin waren schon zehn Morde angezeigt worden.

In den kommenden Jahren machten Krankheiten uns Kindern besonders zu schaffen. In die Schulen wurden wir regelmäßig untersucht: Größe, Gewicht, Läusebefall, Krätze, Zustand der Zähne, usw. Eine besondere Plage war in Darmstadt die Spulwurmseuche, weil die Gemüsefelder mit Abwasser gedüngt wurden und die Hygiene wegen fehlender Seife und Wasserstellen mangelhaft war. Bei Wurmkuren verließen dann bis zu 40 und mehr Spulwürmer von beträchtlicher Länge den Darm. Schlimmer war aber die um sich greifende Tbc: Es wurden 1948 allein 327 Neuerkrankungen registriert.

Chronik

9. Februar 1946
Die erste Darmstädter Operninszenierung nach dem 2. Weltkrieg ist Christoph Willibalds Glucks: „Orpheus und Eurydike“. Ein Kriegsteilnehmer kehrt heim. Als er sein bombenzerstörtes Haus sieht, bricht er zusammen. Als Odysseus träumt er die alte Sage vom Tod seiner Gattin Eurydike. Als er erwacht, tritt ihm die Totgeglaubte mit ihrem Sohn Amor aus der Ruine entgegen.

9. Februar 1947
Der erste Flüchtlingstransport kommt nach Darmstadt.

20. Juni 1948
Währungsreform: Die Reichsmark wird durch die D-Mark abgelöst. Jeder bekommt ein Kopfgeld von 40 D-Mark.

14. März 1949
Darmstadt wird Poststadt. Aus dem alten Post- und Fernmeldetechnischen Zentralamt entstanden zwei getrennte Fachbereiche: Das Fernemeldetechnische Zentralamt (FTZ) und das Posttechnische Zentralamt (PTZ) mit Sitz in Darmstadt. Untergebracht wurden die Ämter in der Kavalleriekaserne. Dies war der erste bedeutsame Zuzug eines großen Arbeitgebers in der Nachkriegszeit.

23. Mai 1949
Gründung der Bundesrepublik Deutschland. Regierungssitz wird Bonn. Bei der Wahl zum Bundestag wird der Kandidat der FDP, Dr. Hammer, erster Darmstädter Bundestagsabgeordneter.

GIs mit ihren deutschen „Fräuleins" beim Baseball-Spiel im Stadion am Böllenfalltor.

Non-Fraternisation ist Theorie – das „Fräulein" die Praxis

Wir Kinder hielten uns gern in der Nähe der amerikanischen Soldaten auf, bekamen wir von ihnen doch Schokolade, „Chewing Gum", manchmal auch Donuts oder Eis. Besonders die schwarzen Soldaten waren zu uns Kindern lieb. Später bekamen wir mit, dass in der amerikanischen Armee die Weißen für sich waren und die Schwarzen gemieden wurden. Die schwarzen Soldaten sahen in uns Kindern Leidensgenossen, wie sie es selbst in der Army waren. Von dem anfänglichen Sprechverbot oder dem Non-Fraternisierungsbefehl, den die amerikanischen Soldaten befolgen sollten, merkten wir nichts. Er hatte nur ein Jahr Bestand. Beim ersten Überschreiten der deutschen Grenzen im September 1944 erlassen, wurde er am 30. September 1945 wieder aufgehoben. Zunächst war der Befehl von der Soldatenzeitung „Stars and Stripes" unterstützt worden: „Die Amerikaner sind nicht nach Deutschland gekommen, um Kindermördern die Köpfe zu streicheln und SS-Verbrecher zu päppeln, die Amerikaner sind in dieses Land von Gangstern gekommen, um hier Ordnung zu schaffen und die Verbrecher der Justiz zu überantworten."

Drastische Strafen drohten den GIs bei Überschreitung der Befehle. Als die Gräueltaten in den Konzentrationslagern bekannt wurden, erhielt das Fraternisierungsverbot seine moralische Rechtfertigung. Aber schon bald wandelte sich das Verhältnis der amerikanischen Frontsoldaten zu den Deutschen. Besonders die deutschen Fräuleins hatten es den GIs angetan. Im Reader's Digest vom März 1946 steht: „Annähernd 4 von 5 zurückgekehrten Soldaten ziehen Deutschland den alliierten Ländern vor, die sie gesehen haben. ... In Frankreich hatten die GIs fast ausschließlich Kontakt mit Prostituierten, und dies machte bei ihnen der Auffassung Platz, dass das französische Volk unmoralisch sei. In Deutschland aber, wo ihnen im Allgemeinen jede Frau zur Verfügung stand, sahen sie dies als romantisch an und als ein Zeichen der Freundschaft und der Großzügigkeit seitens der deutschen Frauen."

Heinerfest 1952: Argwöhnisch beäugt wurden deutsche Frauen, wenn sie gar mit schwarzen GIs unterwegs waren.

In den überwiegend männerlosen Familien erlebten wir Kinder die Amerikaner als die Freunde der jüngeren und als Arbeitgeber der älteren Frauen, die Wäsche wuschen, bügelten und sonstige Dienstleistungen erbrachten. Wir sahen auch die Probleme des Kontakts mit den Amerikanern. Kinder aus diesen Beziehungen, auch schwarze, wurden geboren und die amerikanischen Soldaten durften die deutschen Frauen in den ersten Nachkriegsjahren (bis Dezember 1946) nicht heiraten. Bis August 1950 hatte die deutsche Justiz keinen Zugriff auf US-Armeeangehörige. Erkannten sie die Vaterschaft nicht an, dann bestand keine Unterhaltspflicht der Soldaten für ihre deutschen Kinder.

Auf dem bis 1950 beschlagnahmten Stadion am Böllenfalltor spielten die „Hornets" Baseball.

Maskottchen bei den Hornets

Ein besonderes Beispiel der nicht funktionierenden Non-Fraternisation erlebte ich selbst. Als die Amerikaner das Fußballstadion des SV Darmstadt 98 am Böllenfalltor zum Baseball-Spielen beschlagnahmten, scharten sich sofort Dutzende von Kindern um die Sport treibenden GIs herum. Wir lauerten darauf, ein Stück Schokolade zu ergattern oder eine weggeschnippte Zigarettenkippe im Hechtsprung zu ergreifen. Die Kippen wurden den Verwandten geschenkt oder für 50 Pfennige das Stück verkauft. Die Reichsmark hatte kaum Wert, es herrschte fast eine reine Tauschwirtschaft. Deshalb der hohe Preis für einen Zigarettenstummel.
Einer der Spieler der Baseball-Mannschaft „Hornets" hatte mich besonders ins Herz geschlossen. Eines Tages kam er zum Training und brachte mir einen ganzen Seesack voll Schokolade mit. Er hatte auf den Zimmern in der Kaserne für mich gesammelt. Dany, William Lawrence Daniels, setzte sich beim Coach Colonel Patrick „Pat" Buckley dafür ein, dass ich Maskottchen der Mannschaft werden sollte. Ich bekam in der Schneiderei der Kaserne einen Trainings- und einen Spieldress mit der Rückennummer 00 angepasst und war jetzt beim Training und den Spielen dabei. Bei

Maskottchen bei den Amerikanern. Zuständig für Bälle, Schläger, ... und Glücksbringer für die Mannschaft.

Mannschaftsbild der „Hornets“ mit Maskottchen.

Auswärtsspielen wurde ich vom Chauffeur des Colonels mit einem Chevrolet abgeholt.
Meine Aufgabe bestand darin, die Schläger zu ordnen, für ausreichend neue Bälle zu sorgen und meiner Mannschaft Glück zu bringen. Dafür hatte ich Zutritt zur Kaserne und durfte die Essensreste für die Familie mitnehmen. Die abgespielten Bälle wurden mir überlassen und wir fanden bald heraus, dass sie aus fest aufgewickelter Wolle gefertigt waren. Fast alle Kleidungsstücke unserer großen Familie wurden aus dieser Wolle gestrickt.
Am Sonntag wurde ich zum Mittagessen ins Haus unseres Coachs Colonel Buckley eingeladen. Das Haus war bis 1956 von den Amerikanern beschlagnahmt worden und gehörte Familie Holzinger, die sich in die nicht benutzten Räume zurückziehen musste. Nach dem Einmarsch der Amerikaner wurden zuerst 20 Soldaten mit ihrem Feldwebel einquartiert. Wenn nach dem abendlichen Appell alle Soldaten vollzählig im Haus waren, musste Mutter Holzinger das Haus abschließen. Die Gruppe wurde bald an anderer Stelle untergebracht und Colonel Buckley zog wohl im Herbst 1945 ein. Er hatte eine deutsche Freundin, die auch im beschlagnahmten Haus lebte. Die Hauseigentümer mit Einquartierungen mussten oft weniger an Hunger leiden, weil zum Beispiel „Pat“ Buckley die Lebensmittel für sich, seine Freundin und die Familie unter dem Sitz seines Jeeps mitgebracht hatte.

Nicht mehr frieren: Der Baseball wird aufgetrennt und dann „erscheint“ Wolle! Socken, Pullover, Westen, lange Hosen, fast alles wurde aus Base-Ball-Wolle gestrickt.

Colonel Buckley mit Roswitha Holzinger vor dem beschlagnahmten Haus Mendelsohnstraße 11 im Winter 1945/46.

Beginn des Schulunterrichts!

Die Volksschule beginnt am

Montag, dem 1. Oktober, 9 Uhr.

Der Unterricht wird zunächst eröffnet in der Schule in Darmstadt-Eberstadt, in der Mornewegschule (Hermannstr. 21) für die Schüler aller Jahrgänge im Südteil der Stadt, ausgenommen die Kinder der ersten 4 Jahrgänge aus der Heimstättensiedlung und in der Lessingschule für die Waldkolonie mit den Straßen bis zur Rheinstr., Casinostr., Taunusring.

Dem Schulbeginn geht in allen Kirchen um 8 Uhr ein Gottesdienst für Schüler und Eltern voraus.

Der Unterricht in den übrigen Schulen beginnt einige Tage später; die Eröffnung wird bekannt gegeben.

Darmstadt, den 27. September 1945

Stadtschulamt

In solchen Schulgebäuden wurde noch lange nach dem Krieg unterrichtet. Hier die Mornewegschule im Jahr 1945 zu Schulbeginn am 1. Oktober.

Die Volksschule und ihre Lehrerinnen und Lehrer

Von 28 Schulen in Darmstadt waren 16 zerstört. Zwei große Schulen wurden von der amerikanischen und der Darmstädter Verwaltung benutzt. In der Diesterwegschule war die amerikanische und in der Eleonorenschule schon seit der Bombennacht die Stadtverwaltung untergebracht. Der Unterricht in den Schulen begann trotz der Zerstörungen schon wieder im Herbst 1945. In den verbleibenden Schulgebäuden musste oft in vier Schichten unterrichtet werden; zwei Schulen vormittags, zwei Schulen nachmittags. Im wöchentlichen Wechsel teilten sich vier höhere Schulen das Gebäude der Justus-Liebig-Schule. In den Volksschulen (Klassen 1–8) kamen auf einen Schulraum 1948 noch 83 Schüler.

Die insgesamt 7660 Schüler wurden von 165 Lehrern unterrichtet. Das waren pro Lehrer mehr als 46 Schüler. In den Gymnasien und den Berufs- und Fachschulen war es nicht besser. So kamen auf jeden Unterrichtsraum 58 Schüler. In den ersten Nachkriegsjahren fehlten die Lehrbücher, weil es in den noch vorhandenen Büchern von „nationalsozialistischem und militaristischem Gedankengut wimmelte“, wie es Stadtschulrat Julius Reiber beklagte.

Hefte und Schreibmaterial gab es nur auf Bezugsscheine. Das Schulheft wurde durch die Schiefertafel ersetzt, auf der geschrieben und gerechnet wurde. Durch ein Loch im Rahmen der Tafel hing an einer festen Schnur der Tafellappen, beim

Tafel in der Mornewegschule 1945.

Heimweg hing dieser meist aus dem Ranzen heraus. Dazu hing als typisches Merkmal für ein Schulkind dieser Zeit noch der Topf für die Quäkerspeisung am Ranzen; ab und zu auch der Beutel mit den Kleidungsstücken für den Turnunterricht.
Die Lehrerinnen und Lehrer unterrichteten noch nach den althergebrachten Erziehungsmethoden der Schule. Für Fehlverhalten gab es Ohrfeigen, aber auch Schläge auf Fingerkuppen („Mach Pfötchen!"), die flache Hand oder Zwirbeln der Haut. Dazu wurde bei Jungens oft noch der Spruch losgelassen: „Ein Indianer kennt keinen Schmerz." Ein Lehrer erteilte die Noten in Schläge auf den Hintern. Für jeden Fehler der zehn Rechenaufgaben gab es vor der Klasse einen Schlag. Die Klasse zählte die Schläge mit. Zu Hause wurde von der Schule, besonders von prügelnden Lehrern nichts erzählt. Die meisten Eltern hätten entweder die Strafe als verdiente Maßnahme abgetan oder es hätte noch eine zusätzliche Ohrfeige gegeben.

Die Entscheidung, nach der vierten Klasse in eine höhere Schule zu gehen, hing fast ausschließlich vom Klassenlehrer ab. Die Eltern waren damit beschäftigt die Familie zu versorgen, da spielte die Schule eine untergeordnete Rolle. Viele Lehrer übernahmen dann die Vertretung der Interessen der Kinder und empfahlen den Besuch der weiterführenden Schule. Das hing aber auch davon ab, ob der Lehrer das Mädchen oder den Jungen gut oder weniger gut leiden konnte. In vielen Fällen fühlten sich die Lehrkräfte auch verantwortlich, wenn Kinder vaterlos waren. So war der Lehrer zum Teil Vaterersatz. Manche Mütter erfuhren erst mit dem Eintritt oder dem ersten Zeugnis der Höheren Schule, dass ihr Kind nicht mehr auf die Volksschule ging. Der Lehrer hatte seine Schüler, die er für fähig hielt, zur Aufnahmeprüfung geschickt.

Die Klasse 5a in der Mornewegschule.

Quäkerspeise in der Volksschule in Wixhausen.

In der höheren Schule

Ging ein Kind nach der vierten Klasse nicht mehr in die Volksschule, dann besuchte es die höhere Schule. Die wenigsten Menschen sprachen damals vom Gymnasium oder nannten den Namen der Schule.
In den Schulen waren wegen der Knappheit an ausgebildeten Lehrern viele ältere Lehrkräfte eingesetzt. Viele von ihnen waren bei uns wegen ihres Verhaltens und ihres wenig attraktiven Unterrichts nicht sehr beliebt. Körperliche Bestrafungen und Diffamierungen einzelner Schüler waren an der Tagesordnung. Die Prügelstrafe in Schulen wurde erst 1973 verboten. Das Thema „nationalsozialistische Vergangenheit“ stand in der Nachkriegszeit nicht auf der Tagesordnung. Im Geschichtsunterricht endete der Stoff meist im Kaiserreich mit Bismarck oder beim Ersten Weltkrieg.

Die Quinta (6. Klasse) des Ludwigs-Realgymnasiums mit Klassenlehrer Josef „Jupp“ Schneider beim Wandertag auf dem Felsenmeer.

Viele unserer Klassenkameraden wurden nach den ersten Schuljahren im Gymnasium wieder in die Volksschulen zurückgeschickt, weil sie den Anforderungen im Unterricht nicht gewachsen waren. Die überfüllten Klassen und nur selten anzutreffende pädagogische Verantwortung der Lehrer für die jungen Menschen waren bestimmt oft die Motive der Klassenkonferenzen dieser Zeit, Schüler die Klasse wiederholen zu lassen, um sie dann nach zweimaligem Sitzenbleiben der Schule zu verweisen.

Dr. Löw fordert auf, den Klassenraum während der Pausen zu verlassen.

Alle kaufmännischen Arbeiten wurden im Lehrbüro (Übungskontor) eingeübt. Praxisorientierter Unterricht in der Heinrich-Emanuel-Schule 1955.

Ein feierlicher Anlass in feierlicher Kleidung: Abiturklasse 1958 der Heinrich-Emanuel-Merck-Schule.

Als ich 1955 vom Ludwigs-Realgymnasium auf die Heinrich-Emanuel-Schule wechselte, erlebte ich zum ersten Mal Mädchen in der gleichen Schule und Klasse. Die meisten Schulen waren in den 50er-Jahren noch streng nach Jungen und Mädchen getrennt. So waren die zwei Schulgebäude des Mädchen- und des Jungengymnasiums in der Lagerhausstraße (heute Julius-Reiber-Straße) von einer hohen Mauer getrennt, die „Keuschheitsmauer“ genannt wurde. Wehe, wenn ein Schüler versuchen wollte, diese Demarkationslinie zu überschreiten. Es drohten drastische Strafen bis hin zum Schulverweis.

Wieder in einer richtigen Wohnung

Oberbürgermeister Ludwig Metzger erkannte, dass der Wille zum Aufbau der zerstörten Stadt nur entstehen konnte, wenn die Trümmer möglichst schnell weggeschafft würden. Aufrufe und andere Versuche, die Bürger zur freiwilligen Mitarbeit zu gewinnen, scheiterten. So verfügte Ludwig Metzger schließlich, dass jeder gesunde Mann zwischen 16 und 60 Jahren mindestens einmal im Monat an einem Tag bei Aufräumarbeiten zu helfen habe. Wer sich nicht beteiligt, sollte keine Lebensmittelkarten erhalten. Den Widerstand gegen diese Verordnung, gegen die auch Prozesse geführt wurden, konnte Ludwig Metzger durch eine Rede bei einer Massenveranstaltung im Eisenbahnausbesserungswerk in der Frankfurter Straße brechen.

Als Anreiz für die Beteiligung bei den Aufräumarbeiten gab es eine Suppe aus der Stadtküche und für sozial Schwache und Arbeitslose 73 Pfennige Stundenlohn. Bis Ende 1945 waren mehr als 150 000 Kubikmeter Schutt beseitigt, die Straßen gut passierbar und die Abwässerkanäle frei. Der Trümmerschutt wurde mit einer nach Bedarf ver-

Eine 16 Kilometer lange Schmalspurbahn führte durch Darmstadt und in ihren Loren wurden die Überreste der zerstörten Häuser auf die Trümmersammelstellen gefahren.

Die Inschrift auf der Tafel lautet:

Zur Erinnerung an die Leistung der Aufbaugeneration nach dem 2. Weltkrieg. Damals wurde die Brauerei Grohe mit Brauereiausschank, die in der Brandnacht in Schutt und Asche fiel, unter Verwertung der alten Ziegelsteine mit bloßen Händen aus den Trümmern wieder aufgebaut.

So soll diese „ungeschönte" Backsteinwand ein offenkundiges Zeugnis für den ungebrochenen Darmstädter Lebenswillen sein.

legten Loren-Bahn von 16 Kilometern Länge zum größten Teil auf den Exerzierplatz gebracht. Dort türmte sich bald ein Berg von fast 3 000 000 Kubikmeter, der erst 1953 endgültig abgetragen war. Die Trümmer wurden nach Materialien getrennt und manches Wohn- oder Geschäftshaus entstand aus den Steinen, die „Trümmerfrauen" und Kinder wieder verwertbar gemacht hatten. Menschen, die in Baracken und Kellern hausten, konnten bald wieder in Wohnungen einziehen, die ihnen vom Wohnungsamt zugewiesen wurden. Doch mussten sie weiterhin zusammenrücken. Toiletten befanden sich in vielen Häusern im Treppenhaus und wurden meist von mehreren Mietparteien genutzt. Die Folge war ein ständiger Streit um die Benutzung und Sauberhaltung des Klosetts. Samstag war Badetag. Heißes Wasser wurde auf dem Kohleofen zubereitet und dann gingen zuerst die Kinder, dann die Mutter und zuletzt der Vater in die Wanne.

An eigene Kinderzimmer war in dieser Zeit nicht zu denken. Glücklich waren die Menschen, dass sie ein einigermaßen dichtes Dach über dem Kopf hatten.

Badetag am Samstag. In der Zinkbadewanne waren meist zuerst die Kinder, dann die Mutter und zuletzt der Vater an der Reihe.

Die Kinder wurden beim Helfen gleich mit guten Benimm-Regeln ausgestattet. „Der junge Kavalier nimmt der Dame die Tasche ab."

Arbeitsteilung – Wir halfen mit

Kinder und Jugendliche hatten entsprechend ihrem Alter schon früh Aufgaben zu übernehmen, die zur Versorgung der Familien beitrugen. Das begann bei noch nicht schulpflichtigen Kindern mit Besorgungen oder der Beaufsichtigung von kleineren Geschwistern. Größere Kinder im Volksschulalter hatten Pflichten bei größeren Einkäufen über größere Entfernungen, die in der Stadt zu erledigen waren.

Ein Einkaufstag sah in unserer Familie so aus: Als damals 9-Jähriger lief ich am Morgen von unserer Wohnung Ecke Kasino- und Lagerhausstraße (heute Julius-Reiber-Straße) zur Metzgerei Lautenschläger in der Mauerstraße. Dort stand ich ca. zwei Stunden an, bis mich meine Mutter oder jemand anderes aus der Familie ablöste. Danach lief ich zum Lebensmittelgeschäft von Rosel Gönner, Ecke Schlossgarten- und Ruthsstraße (das Haus wurde später abgerissen). Dort kaufte ich Lebensmittel für die Woche ein und trug sie durch den Herrngarten nach Hause. Auf dem Marktplatz vor dem ausgebrannten Rathaus und am Reiterdenkmal standen Behelfsläden, in denen auch eingekauft wurde. Einmal verlor ich aus einem Loch in der Einkaufstasche vier Lebensmittelkarten, gültig für zwei Monate. Die Karten hatten sich einzeln gelöst und lagen vom Luisenplatz verstreut bis zu unserer Wohnung.

Noch bevor wir den Verlust merkten, kam ein Mann und brachte uns alle Karten. Er hatte unseren Namen und die Adresse gelesen und fand auf dem Weg zu uns alle vier Karten. Welch ein Glück!

Nach dem Einkaufen war Treppeputzen angesagt. Zu den Aufgaben der Kinder gehörten noch Geschirrspülen, Fußbodenwischen, Aufräumen des Kellers, die Versorgung der Wohnung mit Brennstoffen für Herde und Öfen im Winter. Besonders unbeliebt war bei uns Kindern der Waschtag. Dann kam meist auch die Großmutter zum Helfen. Wir mussten die „langen Würste" von ausgewrungener Bettwäsche halten und anschließend das Gewaschene auf dem Speicher oder im Hof aufhängen. Waren alle diese Aufgaben erledigt, durften wir auf die Straße zum Spielen.

Lebensmittelkarten waren Voraussetzung überhaupt etwas zum Essen zu erhalten. Vor dem Bezahlen stand das Abschneiden der entsprechenden Bons von der Karte.

Familien- und Betriebsfeste waren nach dem Krieg angesagt. Hier eine Betriebsfeier bei Henschel & Ropertz mit den Verkäuferinnen der Damen-Oberbekleidung.

Es wurde kräftig gefeiert

Die schlimme Nazi-Zeit war vorbei. Deshalb wurde jede Gelegenheit genutzt zu feiern. Obwohl nicht viel an Essen und Trinken vorhanden war, kamen die Familien zusammen, und es wurde viel erzählt und gelacht. In jeder Familie gab es Komödianten und Spaßmacher, und die große Runde der Familie und Freunde amüsierte sich köstlich. Besonders in großen Familien kamen oft mehr als ein Dutzend Kinder zusammen und es wurde gespielt bis die Erwachsenen nach Hause gingen.

Es wurde auch viel gesungen. Die Schlager der 30er- und 40er-Jahre sind uns bis heute im Ohr und in Fleisch und Blut übergegangen. Wenn die Lieblingslieder der im Krieg Getöteten angestimmt wurden („Alle Tage ist kein Sonntag, ...“, „Mamatschi schenk mir ein Pferdchen, ein Pferdchen wär' mein Paradies, ...“, „Peterle, mein liebes Peterle, ...“ ...) wurde geweint und gleich darauf wieder bei einem lustigen Lied Tränen gelacht.

Flüchtlinge kommen ins zerstörte Darmstadt

Am 9. Februar 1947 kamen die ersten Flüchtlinge nach Darmstadt. Dies hatte die Darmstädter Stadtverwaltung trotz der Wohnungsnot der eigenen Bevölkerung beschlossen. Ludwig Metzger dazu: „Gerade weil das Leid für uns so groß war, hatten wir Verständnis für das Leid anderer." So sahen es aber die ausgebombten Darmstädter in den angrenzenden Kreisen nicht, die erst viel später nach Darmstadt zurückkehren durften.

Dennoch hatte der Zuzug von Flüchtlingen einen großen Vorteil für Darmstadt. Unter ihnen waren viele Bauhandwerker und diese halfen, die zerstörte Stadt aufzubauen. Sie bauten sich ihre eigenen Häuser und halfen an vielen Baustellen mit. Die Stadt stellte Waldgrundstücke südlich der Heimstättensiedlung zur Verfügung und dazu Baumaterial aus der Trümmeraufbereitung. Es entstanden Siedlungen, die den Flüchtlingen eine neue Heimat werden. 1953 leben in Darmstadt 10 000 Flüchtlinge.

Im Jahr 1954 wurden fast 24 000 neue Wohnungen gebaut. Dennoch fehlten noch 2000 Gebäude. Zwei Jahre später, 1956, kamen dann schon wieder andere Menschen in die Stadt: Gastarbeiter. Gut zwanzig Jahre später (1978) würde ein Drittel der in Darmstadt geborenen Kinder Nachwuchs der Gastarbeiter sein.

Die Darmstädter Kinder hörten zu Hause oft abfällige Bemerkungen der Erwachsenen über die neuen Mitbürger: „Fluchtlinge statt Flüchtlinge", „Kopftuchgeschwader", „Knoblauchstinker" oder spöttisch „alles Rittergutsbesitzer". Neidisch reagieren viele ausgebombte Darmstädter über den schnell wachsenden Wohlstand vieler Flüchtlingsfamilien. Es wurde erzählt, dass die Flüchtlinge viel leichter Kredite bekämen als die Ausgebombten. Das blieb für uns Kinder nicht ohne Wirkung. Die Kinder der Flüchtlinge wurden gemieden und blieben oft unter sich.

Vor der Auswanderung nach Kanada gab es noch ein Geschenk mit Widmung für den Darmstädter Spielkamerad.

Unsere Spiele und Spielplätze

Alles was in der Umgebung unserer Wohnungen lag, konnte uns Kindern zum Spielplatz werden. Wir vereinnahmten die Straße vorm Haus ebenso wie den Sportplatz und spielten Verstecken, Fangen, Hickelhäuschen, Stelzenlaufen, Seilspringen, im Winter Schleifen, der „Kaiser schickt seine Gesandten aus", „Treibsches" oder „Wer hat Angst vorm schwarzen Mann". Geschicklichkeit wurde beim Ballspiel „Zehnerle" an der Hauswand mit zehn verschiedenen Aufgaben trainiert. Das spielten auch die Mädchen gern. Die Jungen spielten mit Fahrtenmessern, die nach verschiedenen Wurfvarianten im Sandboden stecken mussten. Die Trümmergrundstücke waren beliebte Abenteuerspielplätze. Hier wurde der erste Zigarettenstummel geraucht, und die Buben berichteten Geheimnisvolles über die Mädchen und umgekehrt.

Stangen zum Teppichklopfen waren beliebte Turngeräte.

Wer gewann, durfte Bickel (Klicker) oder Pfennige behalten. Die Geschicktesten lochten wie beim Golf aus allen Lagen ein oder warfen die Geldstücke am nächsten zur Wand.

Auf der Straße, in größeren Innenhöfen oder auf freien Plätzen wurde Fußball gespielt. Das war das Spiel der Jungen. Oft ging es gleich nach der Schule zum Spielplatz, denn viele von uns waren „Schlüsselkinder". Zu Hause war niemand, weil beide Elternteile beruftstätig waren. So konnte der Nachmittag eigenverantwortlich gestaltet werden. Dabei sollte unbedingt auf das Schuhwerk geachtet werden. Wenn trotzdem wieder einmal eine Sohle abhing oder die Schuhspitzen lädiert waren, galt es so manche Tracht Prügel zu verkraften.
Große Probleme bereitete uns der Stacheldraht, der überall gespannt war. Wie viele Gummibälle landeten nach einem strammen Schuss im Stacheldraht und gaben ihren Geist auf. Besondere Höhepunkte waren die Fußballspiele zwischen Straßen- oder Stadtteilmannschaften. Da wurde verbissen gekämpft – Siege wurden genossen und Niederlagen schmerzten entsprechend lange.
Bestimmte Straßen oder Stadtteile waren für uns Kinder allerdings tabu. Dort hatten mächtige Anführer starker Kinder- und Jugendbanden das Sagen, die ihr „Heimrecht" gegen jeden Eindringling mit Schlagkraft demonstrierten.

„Kartoffelkeller" hieß die Notkirche von St. Fidelis, die sich unter der Erde befand.

Konfirmation und Kommunion

Darmstadt ist seit Landgraf Philipp (1526) lutherisch reformiert, die Darmstädter Bevölkerung bis 1950 also überwiegend evangelisch. So gab es in unserer Stadt mehr Konfirmanden als Erstkommunikanten. Nach der Konfirmation, die meist am Ende der Volksschulzeit, also mit 14 Jahren, gefeiert wurde, konnte man am Kirchenleben der Erwachsenen teilnehmen. Die Kleidung war deshalb sehr feierlich; die Konfirmandinnen trugen dunkle Kleider, die Konfirmanden dunkle Anzüge mit langen Hosen.

In der katholischen Kirche wird die Erstkommunion mit acht Jahren (meistens im 3. Schuljahr) gefeiert und in den Familien ebenfalls mit einem großen Fest gegangen. Auch in der Zeit während des oder nach dem Krieg wurde alles unternommen, zu diesen Anlässen eine schöne Kleidung zu beschaffen. Die Kleider und Anzüge wurden von Familie zu Familie weitergegeben, gebraucht gekauft, selbst geschneidert oder, falls das Geld reichte, neu gekauft.

Die Gottesdienste fanden häufig in Notkirchen statt. Wir Kinder und Jugendlichen dieser Zeit waren im Umgang mit den äußeren Bedingungen nicht anspruchsvoll und sahen die Not nicht. Die Familie war stolz auf ihren Nachwuchs und das Ereignis wurde zu einem großen Fest.

Unsere Familie war vonseiten der Mutter her katholisch. Mein Vater war evangelisch. Um Auseinandersetzungen in den beiden Familien aus dem Weg zu gehen, wurden meine Taufe und danach auch die meiner Schwester auf später verschoben. Erst in der Schule war es uns Kindern unangenehm, keiner Religionsgemeinschaft anzugehören. Gottesdienste hatten wir zu Beginn des Schuljahres kennengelernt. Weil es in der katholischen Kirche feierlicher zuging und auch die Mutter katholisch war, wurde entschieden dass die Kinder katholisch getauft werden sollten. Bei der Erstkommunion war meine Schwester dann schon zehn und ich zwölf Jahre.

Die Kirche war festlich geschmückt, viele Verwandten kamen zur Feier. Wir bekamen kleine Geschenke, die zum Teil aus Familienbesitz, wie z. B. Armbanduhren für die Jungen und Aussteuer-Gegenstände oder Schmuck für die Mädchen, stammten.

Die Kirche sollte für uns Kommunionkinder oder für die Konfirmanden noch weiter eine große Rolle spielen. Viele von uns traten in die kirchlichen Jugendgruppen ein oder wurden Messdiener.

Mit Pfarrer Danz präsentierten sich die Kommunionkinder der Gemeinde 1950 dem Fotografen.

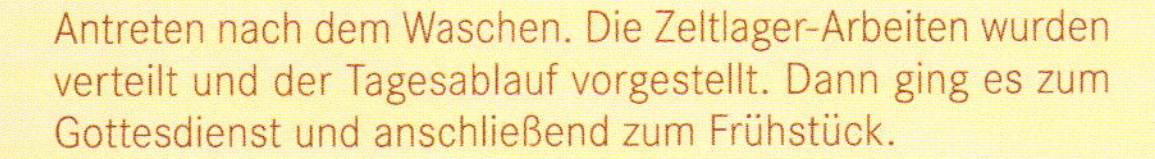

Antreten nach dem Waschen. Die Zeltlager-Arbeiten wurden verteilt und der Tagesablauf vorgestellt. Dann ging es zum Gottesdienst und anschließend zum Frühstück.

Mahlzeiten aus der Gulasch-Kanone. Zubereitet von Frauen der Gemeinde und wir Pfadfinder waren zum Küchendienst eingeteilt.

Jugendgruppen der Kirchen

Konfirmanden oder Kommunionkinder wurden in der Kirche angesprochen, zu einer kirchlichen Jugendgruppe zu kommen. An den Gruppenabenden wurde viel gespielt, vorgelesen oder das Zeltlager vorbereitet. Schon bald nach Ende des Krieges organisierte man für uns St.-Georgs-Pfadfinder weite Fahrten in Zeltlager. Ich verbrachte die Sommerferien in Zeltlagern am Neckar, Main oder im Schwarzwald. Frühmorgens noch vor dem Frühstück gab es einen Gottesdienst, gehalten vom Kaplan, der mitgefahren war. Jeden Tag stand eine Aktivität auf dem Programm: Geländespiele, Schnitzeljagden, Ritterkämpfe, Wanderungen, Schwimmen oder Ballspiele jeder Art. Mit Dorfjugendmannschaften wurden die Kräfte meist bei Fußballspielen gemessen.

Zur Bewachung des Zeltlagers stellten wir Nachtwachen auf, an denen sich jede Zeltgruppe des Lagers beteiligen musste. Für eine Pfadfindergruppe aus einer Nachbargemeinde sollten drei von uns eines Nachts das Zeltlager in Ernsthofen in der Nähe von Darmstadt überfallen. Wir hatten in der Nähe unser kleines Zelt aufgestellt und schlichen uns nach Einbruch der Nacht an, um die Zeltschnüre zu lockern und die Zelte zum Einstürzen zu bringen.

Wir glaubten, uns leise wie Indianer angeschlichen zu haben, doch kaum hatten wir versucht, die ersten Zeltleinen zu lösen, fielen die Wachen des anderen Lagers auch schon über uns her und fesselten uns an Bäume. Bis zum nächsten Morgen hingen wir am „Marterpfahl". Die Stricke hatten sich tief in unsere Haut eingegraben, die Spuren waren noch Jahre danach zu sehen.

Unsere Gruppenleiter waren zwischen 16 und 20 Jahre alt. Einige hatten das Pimpfsein aus der Nazizeit miterlebt und ließen uns ihre Führerrolle deutlich spüren. So musste grundsätzlich alles gegessen werden, was die Küche lieferte. Wer nicht aufaß, wurde mit Ausschluss vom Geländespiel bestraft. Hatte ein Junge vor lauter Heimweh nachts ins Bett gemacht, wurde das Feldbett am nächsten Morgen für jeden sichtbar vor das Zelt gestellt.

Das waren auch Gründe dafür, dass viele Jugendliche die Gruppen verließen und lieber auf eigene Faust auf Fahrt gingen.

Sanella-Bilder, Autogramme und Poesie-Alben

Nachdem im Krieg so vieles verloren gegangen war, waren gerettete Bücher und Bilder Kleinode. Wieder etwas für sich zu besitzen, bedeutete gerade für uns Kinder und Jugendliche höchstes Glück. Deshalb wurde alles gesammelt, was unser kindliches oder jugendliches Gemüt erfreute. Dies machten sich besonders die Hersteller von Lebensmitteln zunutze. Sollte Margarine gekauft werden, dann wollten Kinder Sanella, waren es Haferflocken, dann sollten es Köllnflocken sein.

„Ei, ei, ei – Sanella, Sanella auf den Teller" – und dazu gab es die schönen Bilder, die wir sammelten und in die Alben einklebten.

Zu Besuch bei Bundestrainer Seppl Herberger. Wir bekamen zum Abschied von ihm Autogramme.

Die Kinder sammelten die Bilder, die es zu jedem Würfel Sanella gab oder die in den Köllnflocken-Tüten lagen. Dazu wurden dann die Alben gekauft und die Bilder eingeklebt: Dann ging es mit Conny Pinneberg auf Reisen durch Australien, Neuseeland, Afrika oder Südamerika. Zum Reisebericht wurden die entsprechenden Bilder geklebt. Die Sammelleidenschaft war so groß, dass auch für Fußball- oder Autobilder Geld ausgegeben wurde. Ein bisschen Geld bekamen wir Kinder von Nachbarn für kleinere Besorgungen und andere Hilfsleistungen. Beliebt war auch das Sammeln von Rabattmärkchen, die in kleinen Heften eingeklebt wurden. Beim Einkauf bekam man 3% Rabatt und bei 50 Mark war eine Rabattkarte voll und die 1,50 DM konnten kassiert werden.

Mädchen und Jungen sammelten Autogramme. Bei den Mädchen rangierten die männlichen Schlager- und Filmstars in der Beliebtheitsskala ganz vorn, während die Jungen Sportler und auch mal weibliche Stars bevorzugten. Kurz nach der Fußball-Weltmeisterschaft 1954 fuhren mein holländischer Freund und ich von Darmstadt aus in

Richtung Schweiz. An der Bergstraße fiel uns ein, dass in Hohensachsen in der Nähe von Weinheim der Fußballbundestrainer Sepp Herberger wohnt. Kurz entschlossen radelten wir die Anhöhe hinauf und schellten bei den Herbergers. Seine Frau Eva „Ev'" Herberger schaute zum Fenster heraus und wir sagten, dass wir dem Bundestrainer zur Weltmeisterschaft gratulieren wollten. „Wartet einen Moment, der Seppl schläft gern lange", war ihre Antwort, als sie uns ins Wohnzimmer bat. Er erzählte von seiner Zeit als Waldhof-Bub und seiner eigenen Jugendzeit. Wir bekamen Limonade und ohne ihn bitten zu müssen, gab er jedem von uns zwei Autogramme. „Die werden mal sehr wertvoll, hebt sie gut auf", gab er uns mit auf den Weg.

Rosen und Vergißmeinicht
sind die schönsten Gaben
Adelheid hat sie
abgepflügt, Luise soll
sie haben.
Zur
Erinnerung
Adelheid Hempf
zehn Jahre
Darmstadt
den 12.10.48.

Wir radelten weiter und uns war noch gar nicht so richtig klar, was wir da gemacht hatten. Wir waren fast eine Stunde beim Trainer des Fußball-Weltmeisters gewesen und hatten noch dazu vier Autogramme bekommen.

Die Mädchen sammelten gern Sprüche und gute Wünsche in Poesie-Alben. Die Freundinnen, Klassenkameradinnen, Verwandten und Freunde der Familie, manchmal auch Lehrerinnen und Lehrer schrieben allerlei Lebensweisheiten in das Album und endeten mit dem Wunsch nach immerwährender Freundschaft und Zuneigung. Das Album wurde zusätzlich mit bunten Oblatenbildern prächtig geschmückt.

Mädchen sammelten in Poesie-Alben weise Sprüche und gute Wünsche von Freundinnen, Eltern, Lehrerinnen und allen möglichen Menschen.

Im Sportverein

In einer Zeit, in der in vielen Familien die Väter fehlten, versuchten die Jugendlichen in Vereinen männliche Betreuung und eine Art Heimat zu finden. Es sprach sich schnell in der Klasse oder in der Straßenclique herum, wo etwas los war. Besonders die Jungen gingen zu allen möglichen Sportveranstaltungen. Wir Jugendlichen suchten und fanden bald die Sportart, die uns am meisten gefiel. Am besten war es, wenn wir mit unseren Freunden zusammen waren. Für Jahre war der Sportverein unsere zweite Heimat neben der Familie und für viele ist er es bis heute geblieben. Wir trafen uns zum Training, bei Spielen und Turnieren.

Jede Gelegenheit wurde genutzt, auch außerhalb der Trainingsstunden Sport zu treiben und mit den Freunden zusammen zu sein. Fußball spielten wir auf der Straße, Tischtennis auf selbst gebauten Holzplatten. Zum Schwimmen trafen wir uns im Woog, dem großen Naturbadesee mitten in der Stadt mit 50-Meter-Bahn und Sprungbecken.

Die Vereine waren für uns Jugendliche Familienersatz und viele Betreuer und Trainer traten an die Stelle der toten oder noch in Kriegsgefangenschaft festgehaltenen Väter. Viele dieser älteren Betreuer erhielten dann auch den Beinamen „Papa“ oder „Vater“. Gemeinsam gingen wir zu Sportveranstaltungen, ins Schwimmbad, ins Kino oder später zum Tanz. Die Freundschaften waren so eng, dass auch in die Familien eingeladen oder die Ferien gemeinsam verbracht wurden.

Sport in Darmstadt

In Darmstadt konnte schon bald nach Kriegsende Sport getrieben werden. Dies verdankte die Stadt dem Vorsitzenden des SV Darmstadt 1898, Dr. Karl Grünewald. Er hatte sich im Dritten Reich erfolgreich dagegen gewehrt, dem NSRL (Nationalsozialistischer Reichsbund für Leibesübungen) beizutreten. Alle Vereine, die diesem Reichsbund angehört hatten, wurden zunächst von der Militärregierung aufgelöst. Aber schon ab 27. August 1945 ließen die Amerikaner den Sportbetrieb auf lokaler Ebene wieder zu. Dr. Grünewald erhielt als erster Vereinsvertreter Darmstadts am 5. September 1945 die Erlaub-

Die Vereinsbaracke des SV 98. Hier wirkten der Wirt Heinrich Jung und der gute Geist der Küche, Maria Jost. Nachdem rundum das Stadion mit Trümmerschutt aufgeschüttet wurde, versank die Hütte in einer Senke.

nis, den früheren SV 98 zu reorganisieren. In der Gaststätte Jung, dem Vereinsheim im Böllenfalltor-Stadion der 98er, wurde getagt. Die eigenen Sportabteilungen wurden wiederbelebt und weitere Sportarten von den noch verbotenen Vereinen aufgenommen. So gehörten dem Sportverein 1898 mehrere Jahre lang Abteilungen für Schwimmen, Paddeln, Schwerathletik, Ringen und Hockey an.

Schon 1946 gab es Sportveranstaltungen. Auch bei der 1. Mai-Feier der Gewerkschaften.

MAI-FEIER

Kundgebung

9^{30} Uhr auf dem Paradeplatz

REDNER: KOLLEGE CHR. STOCK

Präsident der LVA

Mitwirkende:

Volkschor Darmstadt • Darmstädter Orchester
Kurt Westermann vom Hess. Landestheater

Sportveranstaltung

nachm. 2 Uhr auf der Woogswiese

Fußball und Handball
Sportverein 98 — T.- u. Sp.-Gem.

Festvorstellung

19 Uhr im Orangeriehaus

„Die Hochzeit des Figaro"

Bei ungünstiger Witterung findet die Kundgebung im Wagenwerk der Reichsbahn, Frankfurterstraße, statt.

Bezirk Arheilgen: 15.^{00} Uhr Sport-Veranstaltung (Sportplatz am Arheilger Mühlchen)
19^{00} Uhr Unterhaltungs-Abend im „GoldenenLöwen"

ZENTRAL-GEWERKSCHAFT DARMSTADT

Unser Darmstädter Lokalmatador Budde Steinbrecher begeisterte in einer wahren Ringschlacht trotz der Punktniederlage gegen den Exweltmeister Adolf Heuser.

Darmstädter Nachkriegssport-Idole

Nach Ende der Schreckensherrschaft der Nazis war klar, dass die Deutschen sich kaum Vorbilder aus der Politik suchen würden. Deshalb kamen die ersten Darmstädter Idole aus dem Bereich des Sports. Zu den Sportveranstaltungen kamen die Zuschauer in Massen und bejubelten ihre Lokalmatadore:

Der Berufsboxer Robert „Budde" Steinbrecher

Immer wieder beobachteten wir einen kräftigen, muskulösen Mann an den Tennisplätzen des Tennis- und Eisclubs Darmstadt am Böllenfalltor vorbei in den Wald laufen. Er war mit Trainingshose und Kapuzenjacke gekleidet, hatte ein Handtuch um seinen Hals gelegt. Besonders meiner Tante imponierte dieser Adonis. Als er vom Wald zurückkehrte, fragte sie ihn, was er macht. Er sagte, dass er Steinbrecher heiße und als Berufsboxer im Schwergewicht bald Kämpfe bestreiten würde. Jetzt war klar, dass wir zu seinen Kämpfen gehen würden. Robert „Budde" Steinbrecher schlug sich dann auch prächtig. Auf der Woogswiese schlug er den Italiener Bazzara K.o. Im Hochschulstadion war dann Kurt Zoschke aus Berlin in der fünften Runde auf den Brettern. Max Schmeling war Ringrichter. „Buddes" Cousin Kurt Steinbrecher hatte den wohl populärsten deutschen Boxer aller Zeiten während des Krieges im Lazarett in Warschau kennengelernt und stellte den Kontakt her. Im Innenraum der Radrennbahn an der Heidelberger Straße verlor „Budde" gegen den alten Ringfuchs Adolf Heuser aus Bonn nach einer wahren Ringschlacht knapp nach Punkten.

Mit den Kämpfen gegen Bormann kam dann allerdings das Ende der Berufsboxkarriere von Robert Steinbrecher. Das erste Aufeinandertreffen der beiden ging noch unentschieden aus. Ein zweiter Kampf sollte die Entscheidung für weitere höhere Aufgaben bringen. Tausende von Zuschauern sahen den Kampf im Ausbesserungswerk der Bahn an der Frankfurter Straße und erlitten mit dem Darmstädter Box-Idol die K.o.- Niederlage in der zweiten Runde. Nach drei Niederschlägen schon in der ersten Runde, hatte nur der Gong den K.o. verhindert. Das Aus kam in der zweiten Runde sehr schnell. „Budde" Steinbrecher stieg darauf nicht mehr in den Ring. Er baute ab 1952 eine Box-Abteilung bei der TG 1875 Darmstadt auf, die zusammen mit der Boxstaffel der Turngemeinde Bessungen (TGB) Darmstadt zu einer Box-Hochburg machte.

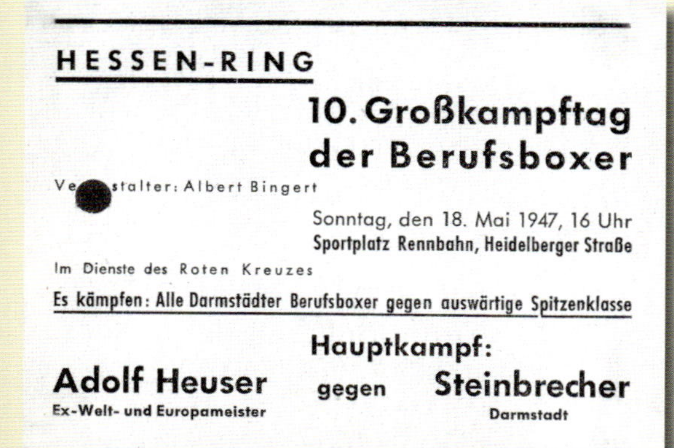

Der Radprofi Willi Brunner

Nach dem Zweiten Weltkrieg hatten die Radrennen auf der Bahn an der Heidelberger Straße mehr Zuschauer als die Fußballspiele des SV 98. Rekord waren 8800 Zuschauer, und die Fußballer mussten ihre Termine nach denen der Radrennen ausrichten. Der 1920 in der vom Krieg völlig zerstörten und nicht wieder aufgebauten Altstadt geborene Willi Brunner war von 1947 bis 1950 Berufsradfahrer und ist bisher der einzige Radprofi aus der „Heiner-Stadt". 1936 begann seine Rennkarriere. Insgesamt errang er als Amateur 150 und als Profi 50 Siege. Wie so viele Sportler seiner Geburtsjahrgänge verhinderte der Krieg die ganz große Sportkarriere. Die Ausbombung kostete ihn den größten Teil seiner zwölf Rennmaschinen, sein Berufskapital. Als er 1946 aus der Gefangenschaft zurückkam, begann die große Zeit des Radsports auf der Rennbahn: Willi Brunner als Zugmaschine bei allen Bahndisziplinen und im Steherrennen, dahinter eine große Schar von späteren Hessenmeistern und Nationalmannschaftsfahrern.

Tausende von Zuschauern kamen auf die Radrennbahn.

Sportverein Darmstadt
Fußball der Landesliga

Sportverein gegen Arheilgen

auf dem Hochschul-Stadion, am 27. April 1947, um 15 Uhr

0:1

Arheilgen: Seibel

Pfeiffer, Hoppe Mahr

Dr. Hüg, Anton, Steinhilber

Lieber, J. Müller, Mahr, Horn, Büttner

Jacobeit, Böhmann, Leichtlein, Keck, Mahr

Hofmann, Schmidtmer, Asmuth

Schmidt H., Schmidt O.

Sportverein: Schütz

Gleich zwei starke Fußballmannschaften hatte Darmstadt in den 40er-Jahren. Heiß umkämpft waren die Derbys zwischen dem SV 98 und der SG Arheilgen.

Die Fußballmannschaft des SV 98 – Sieg gegen den Deutschen Meister

Darmstadt hatte nach dem Krieg gleich zwei auf höchstem Niveau spielende Fußballmannschaften: Die 1. Mannschaften des SV Darmstadt 1898 und der Sportgemeinde Arheilgen (SGA). Die 98er, auch wegen der Lilie im Vereinswappen, die „Lilien" genannt, spielten im Hochschulstadion, das von der Hochschule zur Verfügung gestellt wurde, weil das Böllenfalltorstadion ab April 1946 von den Amerikanern für Baseballspiele beschlagnahmt worden war. Die SGA spielte auf dem Sportplatz am Arheilger Mühlchen und ganze Heerscharen von Zuschauern marschierten zu den Spielen der SGA in den Vorort, besonders wenn das Lokalderby anstand.

Jubel nach dem Aufstieg in die Süddeutsche Oberliga, der höchsten deutschen Fußballklasse in ihrer Zeit.

Am Ostersonntag 1950 siegten unsere „Lilien" im Entscheidungsspiel gegen Viktoria Aschaffenburg mit 3:2, wurden Hessischer Landesligameister und qualifizierten sich für die Aufstiegsspiele zur höchsten deutschen Fußballklasse, der Süddeutschen Oberliga. Die Mitgliederversammlung entschied sich, an den Aufstiegsspielen teilzunehmen, was damals schon die Abkehr vom Amateurfußball hin zum Vertragsspielertum und damit zum bezahlten Fußball bedeutete. Als Außenseiter gestartet, beendeten die Darmstädter die Aufstiegsrunde als Erste ihrer Gruppe und stiegen auf. Maßgeblichen Anteil an diesem Erfolg hatte der Spielertrainer und Senior der Mannschaft, Adam Keck. Er hatte aus elf Spielern eine Einheit geschaffen, wie vier Jahre später der Bundestrainer Sepp Herberger aus elf Einzelkönnern die „Helden von Bern" formen sollte.

Bis auf zwei Ausnahmen waren alle Spieler der Lilien Darmstädter. Getragen von diesem Lokalpatriotismus startete die Mannschaft in die erste Oberliga-Saison mit einem 5:4-Sieg gegen den amtierenden Deutschen Fußballmeister VfR Mannheim. Die Klasse konnte nicht erhalten werden. Die Darmstädter standen und stehen zu ihren „Lilien" trotz sportlicher und finanzieller Rückschläge. Der Grundstein hierzu wurde in den 50er-Jahren gelegt.

Die große Schar der Ringer vom Verein die „Zehner“.

Die Ringer des Kraftsportvereins 1910

Alles was Darmstadt an sportlichen Höhepunkten zu bieten hatte, wurde von uns geradezu aufgesaugt. Kinder und Jugendliche waren auch Stammgäste bei Meisterschaftskämpfen der Ringer in der Turnhalle der Diesterwegschule. Wie bei allen Veranstaltungen, bei denen Eintritt bezahlt werden sollte, versuchten wir das Kassieren zu umgehen. Wir hatten so wenig Geld und wollten doch überall dabei sein!
Die „Zehner“ hatten eine Ringerstaffel, die in fast allen Gewichtsklassen Spitzensportler in ihren Reihen hatten. Fünf deutsche Jugendmeisterschaften holten die „Zehner“: Karl Ditter (zweimal), Ludwig Gehron, Karl-Heinz Seifermann und Werner Winkel. Karl Ditter war mehrmals erfolgreiches Mitglied der deutschen Ringer-Nationalmannschaft. Bei der Weltmeisterschaft in Karlsruhe verlor er nach mehreren Erfolgen in den Vorrundenkämpfen gegen den späteren Weltmeister aus der Sowjetunion.

Bei den Amerikanern – Kultur und Sport

Die Amerikaner hatten sich ein umfangreiches Erziehungsprogramm für die Deutschen vorgenommen. Dabei setzten sie auf die deutsche Jugend. „Re-education“, Umerziehung sollte besonders durch die Arbeit der „Amerika-Häuser“ geleistet werden. Im amerikanischen Militärverwaltungsgebäude in der Diesterwegschule öffnete eine „Amerikanische Bibliothek“. 1947 erhielt die Bibliothek, die 1949 über 20 000 englischsprachige Bücher zum Lesen und zur Ausleihe umfasste, den Namen „Amerika-Haus“. Das Interesse an amerikanischer Literatur war riesig. Margaret Mitchells Roman „Vom Winde verweht“ oder Ernest Hemingways Werk „Wem die Stunde schlägt“ über den spanischen Bürgerkrieg waren die Renner. Die Stücke der amerikanischen Dramatiker Tennessee Williams, Thornton Wilder,

Bei ihrem Umerziehungsprogramm setzten die Amerikaner auf die Jugend: Oberstleutnant Kirkland mit Darmstädter Jugendlichen in der „Quartermaster School“ in der Cambrai-Fritsch-Kaserne.

Leser-Ausweis No: 6-809 | Gültig bis: Okt. 1961

Deutsch-Amerikanisches Institut
61 Darmstadt, Kasinostrasse 3 Tel. 75321

Name: Gräser, Horst

Als Leser dieser Bibliothek verpflichte ich r
ausgehändigte Leseordnung „Ihre Bibliothek
Haus" zu beachten.

Unters

Form USIS/G-25 (Nov 60) Nicht übertragbar — Bei jeder Entl

1170.

„Haus der Jugend"
Darmstadt, Fichtestraße 33

Gräser, Horst 4. Okt. 37
Name Geb.
Darmstadt, Groß-Gerauer Weg 36
Anschrift

s Haus behält sich das Recht vor, den Paß — wer
erforderlich — einzuziehen.

Ausweise für das Amerikahaus und die „Fichteburg".

Arthur Miller und John Steinbeck wurden begeistert aufgenommen und waren Thema in Theatern und Schulen.

Das im Krieg allein unversehrt gebliebene Haus in der Innenstadt, „Die Goldene Krone", wurde ab September 1950 zum Amerika-Haus. Am 5. Januar 1953 zog das Amerika-Haus dann in einen repräsentativen Neubau. Der amerikanische Hochkommissar für Deutschland, John J. McCloy, beschreibt die Aufgabe des Hauses bei der Eröffnung: „Das Amerika-Haus ist ein Haus der Freiheit. Ich hoffe, dass deutsche Männer und Frauen und besonders die Jugend es aufsuchen werden, um zu lesen, zu lernen, zu sehen und zu hören. Niemand muss kommen, niemand braucht wiederzukommen. Hier können Sie vor allem die Aufgeschlossenheit und Toleranz vorfinden, die trotz mancher Schwäche die Grundlage des amerikanischen Lebens ist."

Als erste deutsche Stadt schließt Darmstadt 1955 einen Vertrag mit den USA über ein Deutsch-Amerikanisches Institut. Das Institut war das erste binationale Institut Europas. Das Amerika-Haus besuchten die Darmstädter Jugendlichen besonders zu den Film-Vorführungen, zum Schmökern in Büchern und Comic-Heften und zur Buch-Ausleihe.

Auch die Cambrai-Fritsch-Kaserne stand uns für sportliche und andere Aktivitäten offen. Zu einem Haus für Kinder und Jugendliche konnte das Prinz-Emil-Schlösschen in Bessungen dank Spenden der Quäker und eines Privatmannes ausgebaut werden. Vorher hatten die Amerikaner dort schon einen Kinderspielplatz eingerichtet. Dazu kam eine von den Amerikanern beschlagnahmte Villa in der Fichtestraße („Fichteburg") hinzu, wo deutsche Jugendliche ebenfalls ihre Freizeit verbringen konnten.

Die Stadt feiert ihre Auferstehung – das Heinerfest

Schon 1950 wurde in Darmstadt geplant, ein Fest zu veranstalten, das den Menschen in der total zerstörten Innenstadt wieder Mut machen sollte. Mitten in der Stadt, umgeben von den Ruinen der einst so schönen kleinstädtischen Residenz, sollte ein Fest gefeiert werden, das den Willen der Darmstädter stärken sollte, sich von den Trümmern zu befreien und mit Zuversicht in die Zukunft zu blicken. Als 1950 wegen Terminproblemen noch kein passendes Datum für das Fest gefunden werden konnte, wurde für das erste und alle nachfolgenden Heinerfeste der erste Sonntag im Juli bestimmt. Aber nicht nur ein Tag sollte gefei-

Titelbild des ersten Heinerfest-Programms

Chronik

9. April 1950
Der SV Darmstadt 1898 wird Fußball-Meister der Hessischen Fußball-Landesliga durch einen Sieg gegen Viktoria Aschaffenburg mit 3:2.

18. Juni 1950
In der Aufstiegsrunde zur Oberliga-Süd setzt sich der SV Darmstadt 1898 gegen drei süddeutsche Vereine durch. Im ersten Spiel gewinnen die Darmstädter gegen den Deutschen Meister VfR Mannheim vor 18 000 Zuschauen mit 5:4.

2. September 1951
Erste Premiere am Landestheater Darmstadt des neuen Intendanten Gustav Rudolf Sellner im Orangerie-Garten mit Georg Büchners „Leonce und Lena". Beginn der sogenannten „Sellner-Ära" des Darmstädter Theaters.

1950
Erstes „Darmstädter Gespräch" zum Thema „Das Menschenbild in unserer Zeit". Das zweite Darmstädter Gespräch 1951 „Mensch und Raum" hinterlässt in Darmstadt die nachhaltigsten Spuren, weil damit Ausschreibungen von 11 „Meisterbauten" verbunden sind, die in Darmstadt erstellt werden sollen. 5 „Meisterbauten" werden später ausgeführt.

1951
Die „Akademie für Sprache und Dichtung" kommt 1951 auf Vermittlung von Kasimir Edschmid nach Darmstadt. Die Akademie vergibt jährlich den renommiertesten Preis deutschsprachiger Literatur, den „Georg-Büchner Preis". Gründung des Deutschen PEN-Zentrums in Darmstadt. Erstes Darmstädter Heinerfest in der Darmstädter Innenstadt an fünf Tagen am jeweils ersten Wochenende im Juli.

1. Heinerfest 1951 vor der Ruine des Darmstädter Schlosses.

ert werden, fünf Tage lang (von Donnerstag bis Montag) sollte das Fest dauern. Wie 1951 ist das Fest noch heute im Zentrum der Stadt und in der Zwischenzeit das zweitgrößte seiner Art in ganz Deutschland.

Hoch zu Ross forderte der Bürgerschaftsverein aus dem Martinsviertel dazu auf, sich zahlreich beim ersten Heinerfest zu beteiligen.

Für Kinder und Jugendliche haben alle Jahrmärkte eine besondere Attraktion. Die Stände mit ihren Naschereien, die Fahrgeschäfte, die den Mut herausfordern und irren Spaß machen, die Losbuden mit ihren verführerischen Gewinnmöglichkeiten, die jährlich neuen Attraktionen und das kulturelle und sportliche Beiprogramm faszinieren.

Wir Kinder durften Heinerfestabzeichen verkaufen und verdienten uns das Fest-Geld selbst. Später als Teenager war das gemeinsame Ausgehen angesagt. Mit der Clique trafen wir uns in den Wein- und Bierzelten zum feuchtfröhlichen Zusammensein. Lange Jahre war das Weinzelt Möhler schon vom ersten Abend an unser Treffpunkt. Mit dem Akkordeonspieler Willi Menges verstanden wir uns gut, und er spielte die Lieder, die wir lautstark mitsingen konnten. Dann waren wir selbst mit Beiträgen an der Reihe. Ein Vorsänger stimmte meist Wechselgesänge an und die „Adelheid mit ihrem Hochzeitskleid", der „Spaziergang mit dem schönsten Mädchen an der Hand" und viele andere Lieder mehr wurden intoniert. Der Vorsänger gab die jeweilige Strophe vor und alle im Zelt antworteten im Chor. Damit die Strophen in der richtigen Reihenfolge gesungen werden konnten, hatte der Vorsänger ein Plakat dabei, auf dem die Inhalte des Liedes aufgemalt waren. Lange Jahre wurde die „Adelheid" am Ende des Heinerfestes als Lied beerdigt, um im nächsten Jahr wieder fröhlich aufzuerstehen.

Bis heute ist das Heinerfest Treffpunkt für Jung und Alt wie zu Zeiten seines Beginns in den 50er-Jahren. Hier treffen sich Jahr für Jahr meist an den gleichen Stellen die Heiner und erzählen sich aus alter und neuerer Zeit. Nur eine Frage konnten sie bisher nicht beantworten, warum eigentlich die Darmstädter „Heiner" heißen und ihr großes Volksfest danach „Heinerfest".

10 Pfennig für jedes verkaufte Heinerfest-Abzeichen verdienten sich die jungen Heiner als Taschengeld.

„Kaufhof" öffnet sein Kaufhaus im Oktober 1953. Das Ereignis wird gefeiert wie eine Heimkehr von Fußball-Weltmeistern.

Die Stadt entsteht aus Trümmern

Wenn aus den Ruinen der zerstörten Stadt ein neues Gebäude erstanden war, war die Freude groß – wieder etwas mehr Wohnraum, wieder ein Geschäft, in dem eingekauft werden konnte. Im September 1950 ergab eine Volkszählung, dass für die wieder in Darmstadt lebenden 94 788 Bür-

Sozialer Wohnungsbau für erschwingliche Mieten. Neue Wohnhäuser in der Heinrichstraße.

Schaufenster-Bummel bei Schrumpf mit Anschauen von Miederwaren vom letzten Schrei.

ger ein Wohnraum für je 1,6 Personen zur Verfügung stand. Die Küchen wurden dabei nicht mitgezählt. Überall wurde gebaut, ein Richtfest folgte dem anderen. Nach der Währungsreform am 20. Juni 1948 war die Beschaffung von Baumaterial kein Problem mehr.

Bauherren waren neben der Stadt und Selbsthilfe-Genossenschaften auch große und mittlere Betriebe, die zunächst einmal für ihre Beschäftigten Wohnungen bauten. Der soziale Wohnungsbau spielte eine bedeutende Rolle und wurde vor allem vom Bauverein für Arbeiterwohnungen, der Wohnbau GmbH, der Nassauischen Heimstätte und Wohnungsgesellschaft Daheim geleistet. Viele Familien wären gern aus den Altbau-Wohnungen ausgezogen, die meist keine eigenen Toiletten und Bäder hatten. Die Beschwerden in der Bevölkerung waren groß, weil es den Anschein hatte, dass nur der eine Neubauwohnung erhalten konnte, der die nötigen Beziehungen beim Wohnungsamt oder bei den Bauträgern hatte.

Einen Menschenandrang gleich einem Sportereignis bei einer Weltmeisterschaft erlebte Darmstadt im Oktober 1953 bei der Eröffnung des neuen Kaufhofs in der oberen Rheinstraße, direkt gegenüber dem großherzoglichen Schloss. Nach großformatigen Anzeigen in den Tageszeitungen

Darmstädter Architektur, 1954 entworfen von „Meister-Architekten": Fassade des Ludwig-Georgs-Gymnasiums.

kamen so viele, dass die Straßen einschließlich der umgebenden Plätze bis zum „Langen Ludwig" verstopft waren. Die Menschen standen dicht an dicht, sodass die Straßenbahnen stecken blieben, der Autoverkehr umgeleitet und das Geschäftshaus wegen Überfüllung geschlossen werden musste.

Nicht mit allen Entscheidungen der Bauverwaltung waren die Darmstädter einverstanden. Baumeister des neuen Darmstadt war Prof. Peter Grund, der die Zerstörung Darmstadts als „einmalige Gelegenheit, die notwendigen städtebaulichen Eingriffe zu machen", sah. So wurde die gesamte Altstadt entfernt und auf diesem Areal breitere Straßen angelegt. In der Rheinstraße als eine der Hauptgeschäftsstraßen schrieb das Bauamt Arkaden vor, die bei Beibehaltung der Straßenfluchten eine größere Verkehrsbreite ermöglichen sollten. Der Charakter der Stadt wurde ein Stück weit dadurch erhalten, dass die Verkehrsplanung sich gegen Omnibusse und für den Erhalt der Straßenbahn entschied.
Einen außergewöhnlichen Weg schlug die Stadtverwaltung beim Neubau der so zahlreich zerstörten öffentlichen Bauten ein. Elf renommierte Architekten aus Deutschland und Österreich wurden beauftragt sechs Entwürfe zu Schulen und je einen für ein Rathaus, eine Konzerthalle, einen Kindergarten, ein Krankenhaus und ein Ledigenwohnheim zu entwerfen. Bis 1960 wurden fünf der Entwürfe verwirklicht: die Georg-Büchner-Schule, das Ludwig-Georgs-Gymnasium, der Kindergarten „Kinderwelt" in der Kittlerstraße, die städtische Frauenklinik und das Ledigenwohnheim, die „Junggesellenburg".

Viel mehr Aufmerksamkeit bei der Bevölkerung als die Meisterbauten erzielten allerdings die auf dem Schulhof des Ludwig-Georgs-Gymnasiums aufgestellte Plastiken „Zwei Figuren in Beziehung" von Bernd Heiliger. Die beiden Figuren, die eine Lehrerin mit ihrer Schülerin darstellen, wurden als „kranke Neger" oder „arme Negerlein" bezeichnet. Der öffentliche Streit ging soweit, dass einige Stadtverordnete den Antrag stellten, die Plastik zu entfernen. Die beiden Figuren seien eine Zumutung gegenüber den Schülern, und der künstlerische Wert der Plastiken ohnehin strittig. Mehrmals wurden die Figuren von Unbekannten verunstaltet. Der Protest verstummte erst, als 45 Personen in einem Aufruf „Mahnung zur Vernunft" die Intoleranz gegenüber der Kunst anprangerten.

„Zwei Figuren in Beziehung" – lange erhitzte der Streit um den künstlerischen Wert der Plastiken die Gemüter.

Es laufen wieder Filme im „Thalia"-Kino in der Dieburger Straße kurz nach Ende des Krieges.

Freizeitvergnügen in den 50ern

Was war das Leben für uns in den 50er-Jahren so bunt! Da gab es die vielen Kinos mit ihren unterschiedlichen Programmen. Es störte nicht, dass die Kinosäle einfache rechteckige Schachteln waren, oft provisorisch eingerichtet auf einem Trümmergrundstück.
Das größte Kino war das „Union" in der Rheinstraße. Hier wurden die Filme für das breite Publikum gezeigt. Es gab immer vor dem Hauptfilm Werbung, dann noch die Fox-Tönende Wochenschau und einen Kulturfilm. Häufig kam es im Vorprogramm zu Live-Auftritten von Künstlern. Gegen ein Aufgeld konnten auf der Union-Bühne die Akkordeon spielenden Geschwister Heck bewundert werden, Noucha Doina begeisterte auf der Geige, oder es gab Musikdarbietungen auf der Hammond-Orgel.

Das „Roxy" und das „Hansa" waren die Kinos für die Jungen, weil hier oft Western und Abenteuerfilme gezeigt wurden. In Bessungen residierte das „Belida" (Abkürzung von Bessunger Lichtspiele Darmstadt), dann noch das „Rex", „Pali", „Europa", „Helia", „Capitol" und andere. Im „City", einem Kino mit gerade einmal 100 Plätzen, wurden anspruchsvollere ausländische Filme, besonders aus Frankreich, gezeigt. Filme, die sich mit der Nazi-Vergangenheit auseinandersetzten, wurden meist nach wenigen Tagen abgesetzt. Die Kinos, die diese Filme zeigten, blieben leer. Eine Ausnahme war Bernhard Wickis Film „Die Brücke", der aber erst 1959 in die Kinos kam.

Kassenschlager waren die Heimatfilme, über deren Inhalte, Schauspielerinnen und Schauspie-

„Tanztraining total verrückt“ (TTV) bei der Tanzschule Bäulke in Zeiten des „Rock 'n' Roll“. Hier eine Limbo-Einlage („Darmstädter Fastnacht-Version“).

ler wir Jugendliche uns lustig machten. Für uns waren andere Filme angesagt: „Die Faust im Nacken“ mit Marlon Brando, „Saat der Gewalt“ mit der Filmmusik von Bill Haley „Rock around the Clock“ oder James Deans Filme „Giganten“, „Denn sie wissen nicht, was sie tun“ und „Jenseits von Eden“.

Mit Bill Haley und Elvis Presley zog auch in Darmstadt das Rock 'n' Roll-Fieber ein. Besonders in der Tanzschule Bäulke wurden Kurse angeboten und am Sonntagnachmittag war „Tanztraining total verrückt“ das absolute Muss für Halbstarke, wie uns die Erwachsenen verächtlich nannten.

Ins Theater gingen wir häufig auf Anregung unserer Lehrer. Dann sahen wir im Darmstädter Behelfstheater in der Orangerie die berühmten Inszenierungen von Gustav Sellner, auf dessen Ära Darmstadt heute noch mit Stolz als die größte Zeit des Nachkriegstheaters hinweist.

Besonders als Kinder gingen wir gerne in den Zirkus. Auf dem Messplatz vor dem Hallenbad in unmittelbarer Nähe der Innenstadt gastierten alle großen Zirkusse ihrer Zeit. In der Zeitung stand dann, dass Jugendliche zum Güterbahnhof kommen sollten, um die Tiere zum Festplatz zu führen. Für eine Freikarte zum Besuch der Vorstellung führten wir dann die kleineren Tiere in der riesigen Karawane durch die Stadt. Vorneweg gingen meist die Elefanten von den Zirkusleuten geleitet und wir liefen stolz hinterher. Einmal riss sich ein Pony kurz vor dem Messplatz von mir los und galoppierte allein auf den Messplatz. Ich hatte Angst meine Freikarte nicht zu erhalten, die ich dann doch bekam.

Kinoprogramme der Gegensätze: „Deutsche Schnulzen“ gegen „Amerikanische Problemfilme“.

Benz oder Roth? Eis schlecken musste sein. Der Darmstädter Meinungskampf, wer das bessere Eis macht, belebte das Geschäft.

Darmstädter schwarz-weiß

Wenn es nach dem Krieg um leckeres Speiseeis ging, dann spaltete sich die Darmstädter Bevölkerung bald in zwei Lager. Zwischen die Behelfsläden in der Innenstadt hatten sich gleich zwei Eisbuden gezwängt und vor beiden bildeten sich lange Schlangen. Die Darmstädter waren entweder Eis-Benz- oder Eis-Roth-Liebhaber.

Es gab viele solcher „Gewissensentscheidungen“: Entweder fuhr der junge Darmstädter die schnittige Vespa, die etwas biedere Lambretta oder den mehr „treudeutschen“ Heinkel-Roller. Auch an Zigaretten wie Zuban, Overstolz, Juno oder Gold Dollar schieden sich die Geister. Eine wahre Lebensphilosophie verbarg sich hinter der Entscheidung, entweder zu Bäulke oder Stroh in die Tanzschule zu gehen. In beiden Tanzschulen wurde auf gutes Benehmen und die Vermittlung der klassischen und südamerikanischen Tänze Wert gelegt. Der Unterschied war aber, dass Bäulke als

Abschlussball – Höhepunkt des Tanzstundenkurses. Ballkleid, Anzug und Krawatte waren ein absolutes Muss.

Mit einem schnittigen Motorroller und einer „schicken Biene“ als Sozia war die Glückseligkeit perfekt.

die fortschrittlichere und jugendgemäßere Tanzschule galt. Das sonntägliche Tanztraining und das „TTV“ (Tanztraining total verrückt) in der Fastnachtszeit war ein Qualitätsmerkmal bei Bäulke. Bei Stroh ging es steifer zu, sodass viele Familien darauf bestanden, ihre sittsamen Töchter in die Tanzschule Stroh zu schicken.
Bei beiden Tanzschulen galt es, strenge Benimmregeln einzuhalten. Der vorgeschriebene Besuch vor dem Abschlussball bei den Eltern des Mädchens entsprach fast dem Anhalten um die Hand der Tochter. Dabei ging es nur um die Erlaubnis der Eltern, dem jungen Herrn die Tochter für dieses Finale der Tanzschulzeit zu überlassen. Prächtig herausgeputzt zeigten sich schließlich die Tanzpaare, und die Verwandtschaft zeigte sich angetan von den jungen Leuten und tanzte kräftig mit.

Bloß weg von zu Hause

Raus aus der Enge und dem strengen Regiment der Gruppenführer in den Zeltlagern, raus aus der Enge von Wohnungen, Stadtvierteln und Schulen, hinein in die eigene Freiheit bei Radtouren und Reisen per Autostopp. In Gruppen, meist aber zu zweit mit dem besten Freund oder auch allein, machten sich besonders die Jungen auf große Fahrt.
Den Mädchen blieben in den meisten Familien diese Reisen verwehrt. Sie mussten entweder mit den Eltern Urlaub machen oder blieben zu Hause. Wie überhaupt das Mitnehmen der Kinder in den Urlaub der Eltern in den 50er-Jahren noch nicht üblich war. So wurden wir während des Urlaubs der Erwachsenen bei einer Tante oder

Mit dem Fahrrad unterwegs.

Oma einquartiert. Für uns eine mehr oder weniger gern hingenommene Abwechslung, je nachdem wie es uns dort erging. An manch gutes Essen oder andere dort erlebte Dinge bleibt die Erinnerung ein Leben lang.
Die ersten Touren mit dem Drahtesel orientierten sich noch an der Heimat. Aber schon bald wurden Auslandsfahrten geplant, die über Tausende von Kilometern gingen. Mitte der 50er-Jahre waren Fahrten nach Skandinavien beliebt, wo besonders hübsche Mädchen nur so auf die Ankömmlinge aus dem Süden warten sollten, so hieß es zumindest. Tatsächlich sind so manche Freund- und Liebschaften mit den blonden Schönen aus dem Norden geknüpft worden.
Zunächst war es die reine Lust am Reisen, die uns Jugendliche veranlasste, die eigene Stadt während der Ferien zu verlassen. Nur wenige wollten ins Ausland, um dort mit Menschen sprechen zu können. Wer dennoch nach Holland, England und Frankreich reiste, kam mit vielen Eindrücken zurück, die mit den Erfahrungen der Menschen in diesen Ländern mit den Deutschen im Krieg zu tun hatten.

Die Mutter war im Urlaub. Bei Oma Konrad in der Pankratiusstraße 40 gab es noch das Toiletten-Häuschen im Hof.

Vom Großen Woog zum Toten Meer

Die größte Reise unternahm ich mit einem Klassenkameraden 1959 per Anhalter nach Israel. Hauptsächlich Lastwagenfahrer nahmen uns mit, bis wir nach sechs Wochen im Kibbuz Neot Mordechai in Galiläa als Apfelpflücker-Helfer eintrafen. Im Darmstädter Tagblatt stand unter der Überschrift „Vom Großen Woog zum Toten Meer": „Zehn Wochen war der Darmstädter Student Peter Schmidt per Anhalter im Nahen Osten unterwegs. Er übernachtete bei Schafhirten im Taurus, sah die Ruinen von Baalbek, das Tal von Göreme, sah die Basare in Beirut und Damaskus und arbeitete dann einige Zeit als Apfelpflücker in einem israelischen Kibbuz ..."
Als eine gute Apfelernte eingebracht war, lud uns der Kibbuz, in dem überwiegend Juden aus Deutschland, Polen, Österreich und der Tschechoslowakei lebten, zu einer dreitägigen Reise nach Beersheba am Rand der Wüste Negev ein. Wir saßen auf langen Bänken im Lastwagen als im Radio eine Sinfonie zu hören war. Ich erkannte die Jupiter-Sinfonie von Mozart und sagte das ziemlich laut. Daraufhin war es im Lastwagen ganz still. Ein Israeli sagte dann zu mir und halb zu allen auf dem Lastwagen. „Sehen Sie, dieser junge Deutsche erkennt sofort die Jupiter-Sinfonie und die gleichen Deutschen haben uns in die Gaskammern geschickt."

Apfelpflücken im Kibbuz Neot Mordechai in Israel.

Jetzt kommt das Wirtschaftswunder

Die wirtschaftliche Entwicklung Deutschlands ging nach der Währungsreform vom 20. Juni 1948 und der Einführung der Deutschen Mark (D-Mark) so rasend schnell, dass bald von einem Wirtschaftswunder gesprochen wurde. Nachdem in den Familien zuerst einmal der Hunger gestillt und der Durst gelöscht worden war, wurden die alten noch übrig gebliebenen Möbel aus den Wohnungen verbannt und gegen einen geringen Preisnachlass beim Neukauf in Zahlung gegeben. So manches schöne Möbelstück, für das später wieder viel Geld ausgegeben werden sollte, wurde gegen die schicken Nierentische, Cocktailsessel, Servierwagen, Kühlschränke, Waschmaschinen, Musiktruhen mit Radio und Plattenwechsler, Klappbetten in den Kinderzimmern und in manchen Haushalten sogar mit einem Fernsehgerät allerdings mit Bildern in Schwarz/Weiß eingetauscht.

Bei vielen Familien stand schon ein Volkswagen vor der Tür und Motorräder von BMW, NSU oder Horex.

Urlaub in Deutschland war nicht mehr in. Es ging nach Italien im voll gepackten Kleinwagen oder

Autoschau am Luisenplatz: Ein Auto, ach wär' das schön!

Die Sehnsucht der Deutschen nach Italien. Sängerin Lolita und viele andere besangen das Land der Reiselust.

sogar mit dem Roller über den Brenner. „Komm' ein bisschen mit nach Italien, komm' ein bisschen mit ans blaue Meer" ... – die Sehnsucht nach Urlaub in der Sonne war riesengroß. Das Urlaubsland Italien konnte schon zu Hause vorgekostet werden. Die ersten Ausländer, die vom deutschen Wirtschaftswunder angelockt nach Deutschland kamen, waren Italiener. Mit ihnen kamen nicht nur Arbeitskräfte, die in den Betrieben dringend gebraucht wurden. Wie Pilze schossen die „Ristorantes" aus dem Boden und verkauften Pizzas in allen Variationen. Die „Frankfurter Allgemeine Zeitung" titelte „Das gastronomische Wunder in Darmstadt" und besprach die Esskultur, die durch die italienischen Restaurants in Darmstadt Einzug gehalten hatte.

Chronik

4. Juli 1954
Heinerfestsonntag: Deutschland wird in Bern in der Schweiz Fußball-Weltmeister mit einem Endspielsieg gegen den seit Jahren ungeschlagenen Favoriten Ungarn mit 3:2.

17. Juni 1956
Das Darmstädter Pferd „Halla" wird unter Hans Günter Winkler zweifache Goldmedaillen-Gewinnerin im Einzel- und Mannschaftswettbewerb bei den olympischen Spielen in Stockholm durch einen legendären Ritt trotz Verletzung des Reiters.

1956
Erste Gastarbeiter (Italiener) kommen nach Darmstadt. Der Wirtschaftsaufschwung in der Bundesrepublik führte bereits 1955 zu Anwerbevereinbarungen mit Italien.

Richtfest feiert 1956 die Friedrich-Ebert-Schule in der Heimstättensiedlung als erster Schulneubau nach dem Krieg. Als Meisterbauten entstehen das Ludwig-Georgs-Gymnasium und die Elly-Heuss-Knapp-Schule. Die Schillerschule im Martinsviertel, die Viktoriaschule und die Rundeturmschule werden wieder hergerichtet. Trotzdem endet der Schichtunterricht erst 1966 mit der Fertigstellung der Lichtenbergschule.

1958
Einzug des Oberbürgermeisters und der Stadtverwaltung in das neue Stadthaus in der Grafenstraße. Die Eleonorenschule erhält ihr Schulgebäude zurück.
Erste Verschwisterungen der Stadt mit den Städten Troyes in Frankreich und Alkmaar in Holland.
Eine der wichtigsten Versorgungsbetriebe, die Hessische Elektrizitäts AG (HEAG) geht wieder in den Besitz der Stadt über. Die Stadt besitzt 97% der HEAG-Aktien.

Olympiade 1952 in Helsinki: Wieder nur Bronze. Emil Zatopek gewinnt auch den 5000-Meter-Lauf gegen unsere große Hoffnung Herbert Schade.

International erfolgreich im Sport

Nach dem Krieg war Deutschland von den internationalen Sportwettbewerben ausgeschlossen. An der Olympiade 1948 durften deutsche Sportler nicht teilnehmen.
Es dauerte fünf Jahre, bis Deutschland nach dem schrecklichen Krieg wieder international sportlich auftreten konnte. Das Nachbarland Schweiz war der erste Gegner in einem offiziellen Fußball-Länderspiel. Das Spiel wurde in Stuttgart vor über 100 000 Zuschauern ausgetragen und endete 1:0 durch ein Elfmetertor von Herbert Budenski. Der nächste sportliche Höhepunkt der Nachkriegszeit waren die Olympischen Spiele 1952, an denen deutsche Sportler wieder teilnehmen durften. Entsprechend groß war die Anteilnahme der Bevölkerung. Bei den Winterspielen in Oslo begeisterten vor allem unsere schwergewichtigen Bobfahrer und das Eiskunstlaufpaar Ria (geborene Baran) und Paul Falk. Anderl Ostler steuerte den Zweier- und Vierer-Bob zum Gold und die Falks holten im Paarlaufen die Goldmedaille.
Finnland, das Land des großen Leichtathleten Paavo Nurmi, richtete in Helsinki die olympischen Sommerspiele aus. Alle Wettbewerbe wurden von uns am Radio verfolgt und in der Zeitung nachgelesen. Wir kauften uns vom kärglichen Taschengeld Olympiahefte, lasen die Berichte immer und immer wieder und erlebten durch die Schilderungen die Wettkämpfe so, als wären wir dabei gewesen. Schmerzlich war es, dass niemand aus der deutschen Mannschaft einen Olympiasieg erringen konnte. Das Motto der olympischen Spiele „Dabei sein ist alles“ wurde durch dieses Ergebnis besonders deutlich vor Augen geführt.

Das Wunder von Bern
am Heinerfest-Sonntag

Fußball-Weltmeisterschaft 1954 in Bern: Erste Fernsehapparate konnten sich einige Familien schon leisten. Auch in Geschäften und Gaststätten waren Geräte aufgestellt worden. An einem Sonntag, an dem es in Strömen regnete, es war Heinerfest, kam es zum Endspiel gegen die damals als unbesiegbar geltenden Ungarn. Im Festzelt auf dem Heinerfest stand etwas erhöht ein Fernsehapparat mit winzigem Bildschirm. Die ersten drei Bankreihen sahen etwas vom Spiel auf dem Bildschirm und meldeten es umgehend nach hinten weiter: „Freistoß Ungarn, Eckball Deutschland, 1:0 Ungarn, 2:0 Ungarn, ... die Stimmung sank unter Null. Sollte es wie im vorangegangenen Spiel (8:3 für Ungarn) wieder eine Packung geben. ... 1:2 Max Morlock, 2:2 Helmut Rahn, Halbzeit, 84. Minute, Rahn schießt von der Strafraumgrenze, Tor, Tor, Tor, die Stimme von Herbert Zimmermann überschlägt sich, die Menschen liegen sich in den Armen. Heinerfest!! Fußball-Weltmeister!!!
Weltmeister im Fußball in einem durch den Krieg daniederliegendem Land. Die Ruinen hatten danach für viele etwas von ihrem Schrecken verloren.

3:2 gegen Ungarn. Deutschland wird 1954 Weltmeister im Fußball. Ein kleiner Fernseher in einem Fenster in der Mauerstraße. Vor dem Haus eine große Menschenmenge trotz strömenden Regens.

Die berühmteste Darmstädter Sportlerin ist ein Pferd

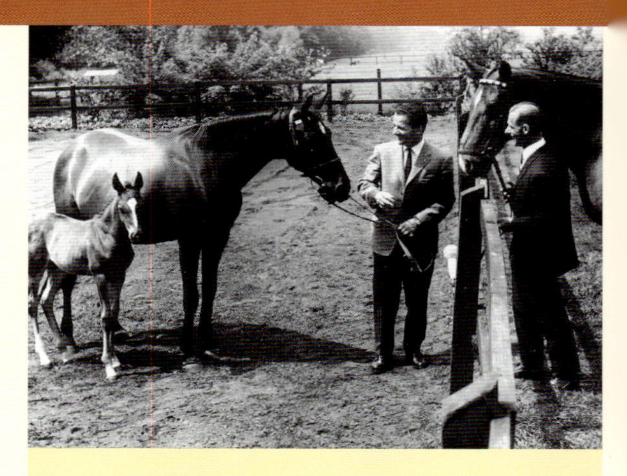

Zur Taufe von Halla-Tochter „Halme" kamen H. G. Winkler und Fritz Tiedemann mit „Meteor".

Als „unsere Halla" bei der Olympiade 1956 zwei Goldmedaillen geholt hatte, spielten die Kinder auf den Straßen Springreiten und einer unserer Spielkameraden wiederholte die Reportage aus dem Parcour wochenlang. Zuletzt konnten wir es fast nicht mehr hören, wenn er die Umläufe der deutschen und italienischen Reiter dramatisch deklamierte: „Alfons Lütge-Westhues reitet als Erster auf Ala in das Reiterstadion ein. ... Als Fritz Tiedemann auf seinem Dicken, Meteor, seinen Umlauf beginnt, öffnet der Himmel seine Schleusen und ein heftiger Platzregen ergießt sich auf Ross und Reiter. Meteor meistert den Parcours mit nur 8 Fehlerpunkten. ... Und nun kommt Hans Günter Winkler mit unserer Halla ..."
Wegen strenger australischer Quarantäne-Bestimmungen konnten die Reitwettbewerbe 1956 nicht am Olympiaort Melbourne ausgetragen werden. Sie wurden nach Stockholm vergeben. Es war der 17. Juni, seit dem Aufstand in der DDR 1953 gesetzlicher Feiertag, „Tag der deutschen Einheit". Alle Darmstädter saßen vor den Fernseh- oder Radiogeräten und verfolgten das Springreiten. Es ging um die Entscheidung im Einzel- und Mannschaftswettbewerb. Mit dabei war H.G. Winkler mit der Darmstädter Stute Halla. Trotz eines Bauchmuskelrisses, den sich H.G. Winkler im ersten Umlauf zugezogen hatte, trat das Paar zum zweiten Umlauf an. H.G. Winkler bekam starke Schmerzmittel und war nicht mehr in der Lage, der Stute mehr als den Weg über die Hindernisse zu zeigen. Halla sprang am langen Zügel völlig allein und als einziges Pferd ohne Fehler, nur begleitet von den im Radio deutlich zu hörenden Schmerzensschreien des Reiters. Dieser Ritt verlieh Halla den späteren Namen „Wunderstute".
Geboren und aufgewachsen war das Pferd in einer Meierei am Rande der Stadt, gegenüber einem der beliebtesten Spazierstrecken der Darmstädter, dem Oberfeld. Pächter des riesigen Bauernhofs waren die Vierlings. Gustav Vierling, Senior der sechsköpfigen Familie kaufte von den Erben eines deutschen Offiziers für 680 Reichsmark Helene, ein französisches Beutepferd. Der Vater von Halla war Oberst, ein Traberhengst, der im Landgestüt Darmstadt als Beschäler stand. Das zweite Stutenfohlen von Helene kam am 16. Mai 1945 zur Welt. Tochter Ursula gab dem Pferd den Namen „Halla". In ihrem Reiterleben gewann Halla 125 Springwettbewerbe, darunter drei olympische Goldmedaillen, zwei Weltmeisterschaften und acht Siege beim „Preis der Nationen". Im Gestüt Füchtorf nahe Warendorf bekam die Stute noch acht Fohlen und kam 1978 zurück nach Darmstadt, wo sie 34-jährig am 19. Mai 1979 starb.

Deutschland bekommt wieder Soldaten

Die Wiedereinführung einer Wehrmacht war das große politische Thema Mitte der 50er-Jahre. Wir jungen Menschen waren betroffen, sollten doch die Jahrgänge ab 1937 zur allgemeinen Wehrpflicht wieder in Kasernen einziehen. Ab 1956 war es dann soweit. Der deutsche Bundestag verabschiedete die Wehrverfassung und bald danach begann der Aufbau der Bundeswehr, wie sich die Wehrmacht in der jungen Bundesrepublik Deutschland nannte. Es gab darüber geteilte Meinungen: Sollten deutsche Soldaten nach den Erfahrungen des Zweiten Weltkriegs wieder eine Waffe in die Hand nehmen dürfen? Wie sonst sollte man sich gegen einen Angriff wehren, der das eigene Land bedroht?

Zwischen den einstmaligen Alliierten war bald schon ein Kalter Krieg ausgebrochen, der darin gipfelte, dass das Lager im Osten mit der Sowjetunion und die Staaten im Westen mit den USA als die jeweiligen Führungsmächte sich gegenseitig verdächtigten, die Weltherrschaft antreten zu wollen. Am Eisernen Vorhang, der Grenze, die mitten durch Deutschland zwischen der Bundesrepublik Deutschland und der Deutschen Demokratischen Republik verlief, standen sich hochgerüstete militärische Blöcke gegenüber. Beide wollten die jeweils besetzten Zonen Deutschlands in ihre militärische Strategie einbeziehen.

Obwohl im Grundgesetz von 1949 das Grundrecht der Kriegsdienstverweigerung aus Gewissensgründen verankert ist, haben sich in den 50er-Jahren nur wenige Jugendliche die gemustert wurden, der Prozedur eines Anerkennungsverfahrens ausgesetzt. Hinzu kam auch, dass das Recht auf Wehrdienstverweigerung und die Leistung eines Ersatzdienstes erst langsam im Bewusstsein der erwachsenen Bevölkerung reifen musste.

Der Darmstädter Horst Gräser (rechts) bei der Bundeswehr. Stationiert weit ab von zu Hause in Achim bei Bremen. Kradmelder-Ausbildung in der Lüneburger Heide.

Beim Fasching ist alles ein bisschen leichter.

21 Jahre alt, aber noch nicht erwachsen

Nach dem Gesetz waren Jugendliche in der Bundesrepublik erst ab 21 Jahren volljährig; die Herabsetzung auf das 18. Lebensjahr erfolgte erst 1975. Das Erwachsenwerden oder Erwachsensein war im Bewusstsein und in der Haltung der Eltern gegenüber ihren Söhnen und Töchtern lange davon bestimmt, dass der Junge erst einmal einen Beruf zu erlernen habe, dann eine Arbeitsstelle mit regelmäßigem Einkommen anzutreten habe, bevor er eine Verbindung mit einem Mädchen eingehen könne. „Können Sie eine Familie denn überhaupt ernähren?“, war eine häufig zu hörende Frage, die Eltern den jungen Männern stellten und sich damit von vornherein dem Kontakt zur Tochter entgegenstellten. Die Mädchen wurden von ihren Eltern streng behütet. Es gab für Jungen nur wenige Gelegenheiten Mädchen zu treffen. Das waren Tanzstunden oder Vereine. Das rechtzeitige Nachhausekommen der Mädchen, wenn die Eltern sie überhaupt alleine aus dem Haus ließen, wurde streng überwacht. Alle möglichen Tricks mussten ausgedacht werden, um sich doch mit dem Freund oder der Freundin zu treffen.

Nicht selten war es so, dass sich bei Tanzveranstaltungen viele junge Männer um wenige Mädchen stritten, was auch schon mal in einer handfesten Schlägerei enden konnte. Gefährlich war es geradezu bei einer Kerb (Kirchweih) in einem Dorf aufzutauchen und dort zu versuchen, mit einem Mädchen anzubandeln. Schnell kam es dann zu Auseinandersetzungen, bei denen die Fäuste flogen. Von einem ungezwungenen und freien Umgang konnten die jungen Menschen in den ersten zwanzig Jahren nach Kriegsende nur träumen. Erst mit dem erfolgreichen Abschluss der Berufsausbildung wurde eine Beziehung zwischen einem jungen Mann und einem Mädchen akzeptiert, davor musste alles heimlich sein und vor den Eltern verborgen werden. Mangelnde Kenntnisse über Sexualität und Verhütung trugen dazu bei, dass der Kontakt zum anderen Geschlecht mit der Angst besetzt war, eventuell ein Kind zu bekommen, was von vielen Familien lange als Schande angesehen wurde. In solchen Fällen musste dann schnell geheiratet werden, damit das Kind ehelich geboren werden konnte und einen „richtigen" Vater hatte. Es wurde nicht gefragt, ob die beiden jungen Leute auch wirklich zueinander passten.

Die schöne Zeit der jungen Liebe war auch oft eine Zeit der schwierigen Liebe.

Soll ich ... soll ich nicht ... Die schöne Zeit der jungen Liebe war auch oft eine Zeit der schwierigen Liebe.